DON BOSCO
VERLAG

Angelika Nieder

Praxishandbuch
Eltern-Kind-Gruppen

DON BOSCO
KLENS VERLAG

Bibliografische Information Der Deutschen Bibliothek

Die Deutsche Bibliothek verzeichnet diese Publikation
in der Deutschen Nationalbibliografie; detaillierte
bibliografische Daten sind im Internet über
<http://dnb.ddb.de> abrufbar.

1. Auflage 2002 / ISBN 3-7698-1375-8

© 2002 Don Bosco Verlag, München

Lektorat: Verlagsservice Anne Voorhoeve, Selters
Umschlaggestaltung und Illustrationen: Margret Russer
Layoutgestaltung: LOGO-Grafik Cornelia Menichelli/München
Fotos: Bundesarbeitsgemeinschaft katholischer Familienbildungsstätten
Notensatz: Nikolaus Veeser
Gesamtherstellung: Heichlinger Druckerei, Garching

Gedruckt auf umweltfreundlichem Papier

Inhaltsverzeichnis

Vorwort

Dieses Praxishandbuch richtet sich an all diejenigen, die sich in der Eltern-Kind-Gruppenarbeit mit der Begleitung junger Familien beschäftigen. Gruppenleiterinnen, Erzieherinnen und Eltern erhalten Informationen sowohl in den theoretischen Grundlegungen als auch in den praktischen Ausführungen.

Gerade in der Anfangszeit einer Eltern-Kind-Gruppe ist es für Gruppenleiterinnen und Eltern hilfreich, sich über den Aufbau und die Rahmenbedingungen dieser Gruppen zu informieren.

Die Eltern-Kind-Gruppen werden überwiegend von Frauen geleitet und besucht, deshalb wird in diesem Handbuch grundsätzlich die weibliche Sprachform gewählt. Männer dürfen sich aber selbstverständlich ebenso angesprochen fühlen.

Vor dem Hintergrund des Wissens um die kindliche Entwicklung kommt der Auswahl von Spiel- und Bewegungsangeboten in der Eltern-Kind-Gruppe eine besondere Bedeutung zu. Es gilt ein Gespür dafür zu entwickeln, die Anregungen dem Entwicklungsstand der Kinder und den Bedürfnissen der Gruppe entsprechend zu planen und anzubieten. Die Entwicklungsgrundlagen umfassen dabei nicht nur die körperliche und geistige Entwicklung des Kindes, sondern beziehen auch den Aspekt der Bindung und Beziehung mit ein. Gerade in den ersten Lebensjahren brauchen Kinder eine vertraute Bezugsperson, die sie begleitet, wenn sie neue Erfahrungen machen. Die sozial-emotionale Entwicklung der Kinder zu verstehen und zu berücksichtigen ist sehr bedeutend für die Leitung einer Eltern-Kind-Gruppe. Der Einblick in die Spielformen von Kindern gibt Auskunft über das Verhalten und die Bedeutung ihrer Tätigkeiten im Spiel.

Die aufgezeigten Stundenmodelle sind Beispiele dafür, wie Eltern-Kind-Gruppenstunden strukturiert werden können. Bei der Zusammenstellung der Anregungen tun Gruppenleiterinnen, Erzieherinnen und Eltern gut daran, flexibel zu sein, Angebote auszutauschen und zu variieren und nicht zuletzt durch die Eigenaktivitäten der Kinder neue Ideen zu entwickeln. In jeder Gruppenstunde sollte die Selbstständigkeit der Kinder in der Aufnahme, Verarbeitung und Weiterentwicklung von Anregungen Vorrang haben und respektiert werden.

Bei aller Konzentration auf die Kinder darf nicht vergessen werden, die Eltern in alle Aktivitäten mit einzubeziehen. Besonders dem einzelnen Eltern-Kind-

Paar sollte Zeit und Raum gegeben werden, sich miteinander zu beschäftigen und im gemeinsamen Tun Spaß und Freude zu erleben. Diese wertvollen Erfahrungen übertragen sich auf den Alltag und wirken sich positiv auf das Zusammenleben in der Familie aus. Das Gespräch der Eltern untereinander hat eine entscheidende Entlastungsfunktion in der Anfangsphase des Eltern-Seins. Die Erwachsenen können sich über Erlebnisse und Probleme im Leben mit ihren Kindern austauschen, einander Unterstützung anbieten und in der Selbsthilfe aktiv werden. Eltern finden Gesprächspartner in ähnlicher Lebenssituation, die sie ermutigen, über ihre neue Rolle als Eltern und ihre sich verändernde Partnerschaft nachzudenken und zu sprechen. Somit dienen die Eltern-Kind-Gruppen der Stärkung von Elternkompetenzen und einem befriedigenden Familienleben. Das Praxishandbuch will Impulse für eine gelungene Gruppenarbeit für Kinder, Eltern und Leiterinnen gleichermaßen geben.

Erst Beschäftigung, Beobachtung und Erfahrung in der Arbeit mit Eltern und Kindern haben mich gelehrt, was es heißt, eine Eltern-Kind-Gruppenleiterin zu sein. Mein Dank gilt all den Familien, die ich über eine bestimmte Zeit in den unterschiedlichsten Gruppen der Katholischen Familienbildungsstätte in Duisburg begleiten konnte. Hier habe ich Wesentliches über die Entwicklung von Kindern, über die Lebenssituation von jungen Eltern und über das Zusammenleben in der Familie gelernt. Unter Einbeziehung neuer Forschungsergebnisse und Erkenntnisse aus der Wissenschaft sowie der gewonnenen Erfahrungen aus der praktischen Arbeit mit Eltern und Kindern hat sich im Laufe der Zeit mein Verständnis für die Eltern-Kind-Gruppenarbeit gewandelt und weiterentwickelt. Mein Wissen konnte ich als Referentin in der Aus- und Weiterbildung von Gruppenleiterinnen für den Eltern-Kind-Bereich erst auf der Diözesan- und später auf der Bundesebene weitergeben. Die Bundesarbeitsgemeinschaft Katholischer Familienbildungsstätten bietet seit vielen Jahren ein erfolgreiches Konzept zur Fortbildung von Gruppenleiterinnen im Eltern-Kind-Bereich an, besonders für Frauen und Männer ohne pädagogische Vorkenntnisse.

An dieser Stelle möchte ich allen Teilnehmerinnen meiner Ausbildungskurse danken: für ihre konzentrierte Aufnahme der theoretischen Grundlagen, für ihr Engagement in der Erarbeitung eigener Inhalte und Schwerpunkte und für ihre kreativen Kurs- und Reihenplanungen. Mein besonderer Dank gilt den Frauen, die mir ihre Ausarbeitungen zur Verfügung gestellt haben.

Entscheidende Impulse für meine Arbeit mit Eltern und Kleinkindern erhielt ich durch die Fortbildung zur Ausbilderin und Supervisorin für Gruppenleiter/innen nach dem Prager Eltern-Kind-Programm (PEKiP). Dieses Konzept wurde in den siebziger Jahren von Prof. Dr. Christa und Prof. Dr. Hans Ruppelt und Mitarbeiterinnen entwickelt und geht in den angebotenen Spiel- und Bewegungsanregungen für Kinder im ersten Lebensjahr zurück auf den Psychologen Dr. Jaroslav Koch.

In der Tätigkeit als Bildungsreferentin bei der Bundesarbeitsgemeinschaft Katholischer Familienbildungsstätten widmete ich mich verstärkt der Qualitätsentwicklung in Eltern-Kind-Gruppen und beschrieb gemeinsam mit einer Projektgruppe Qualitätsstandards für diesen Bereich der Familienbildung.

Seit mehr als 20 Jahren bin ich nunmehr in der Familien- und Erwachsenenbildung tätig und habe das Zusammenarbeiten mit Kolleginnen und Kollegen im Team schätzen gelernt. Erst durch den fachlichen Austausch und die kollegiale Begleitung war es mir möglich, neue Konzepte zu erproben und mich selbst persönlich in der Arbeit mit Eltern und Kindern weiterzuentwickeln.

Mein Dank gilt an dieser Stelle allen, die mich während meiner beruflichen Tätigkeit begleitet haben.

Angelika Nieder

Zeichenerklärung:

 Spiel und Bewegung

 Wahrnehmung und Erfahrung

 Lieder und Musik

 Material

1 Eltern-Kind-Gruppen

1.1 Bedeutung und Zielsetzung

Eltern-Kind-Gruppen erfreuen sich nach wie vor großer Beliebtheit. Seit vielen Jahren besuchen Eltern, in der Mehrzahl die Mütter, mit ihren Kleinkindern zwischen 0 und 3 Jahren diese Gruppen.

Unter den verschiedensten Namen – Spielgruppen, Mini-Clubs, Spiel- und Kontaktgruppen, Mutter-Kind-Treffpunkt, Spiel- und Bastelkreise – werden sie von vielen Einrichtungen der Eltern- und Familienbildung angeboten.

Familienbildungsstätten, Volkshochschulen, Erwachsenenbildungsorganisationen oder freie Vereine möchten Eltern mit ihren Kindern einen Erlebnisort für vielfältige Kontakt- und Erfahrungsmöglichkeiten bieten. Träger dieser Einrichtungen sind vor allem die katholische und evangelische Kirche und die Kommunen, aber auch freie Verbände und Vereine. Doch auch Mütter ergreifen selbst die Initiative und bilden Eltern-Kind-Gruppen in privaten Wohnräumen oder in den Räumen von Kirchengemeinden, Mütterzentren, Bürgertreffs u. Ä.

Die Gruppen stellen im Leben von Eltern und Kindern eine große Bereicherung dar. Da immer mehr Kinder als Einzelkinder aufwachsen, brauchen sie die sozialen Erfahrungen mit anderen Kindern im gemeinsamen Spiel. Kleinen Kindern bieten die Gruppen schon vor der Kindergartenzeit Kontakt zu Gleichaltrigen. Da sie gleichzeitig noch eine starke Bindung zu ihren Bezugspersonen haben, brauchen sie aber auch die schützende Nähe ihrer Eltern im Zusammensein mit anderen. Deshalb wenden sich die Gruppen an Eltern und Kinder gleichermaßen.

Die Erwachsenen finden in den Gruppen Gesprächspartner über Erziehungs- und Alltagsthemen im Leben mit ihren Kindern. Eltern stehen heute in der Erziehung vor anderen Aufgaben als Generationen vor ihnen. Durch die vorherrschende Lebensform der Kleinfamilie sind sie zumindest in den ersten Lebensjahren ihrer Kinder im Wesentlichen allein für deren Erziehung verantwortlich. Junge Eltern haben vor der Geburt ihres ersten Kindes selten die Möglichkeit, das Heranwachsen von Kindern in unmittelbarer Nähe mitzuerleben. Auch können sie nur zum Teil auf Erfahrungen in der Pflege und Entwicklung eines Kindes durch die eigenen Eltern zurückgreifen.

Da junge Mütter immer früher in ihren Beruf zurückkehren, möchten sie die ersten Jahre mit ihrem Kind ganz bewusst gemeinsam und intensiv erleben. Daher bietet die Eltern-Kind-Gruppe für die jungen Frauen nach der aktiven

Zeit im Berufsleben nun einen Ort zum Austausch und zur Kontaktaufnahme. Viele Frauen erleben die Gruppen als bereichernde Abwechslung zu ihrem Hausfrauen- und Mutterdasein. Aber auch für die berufstätigen Mütter bedeutet die Gruppe, dass sie ihrem Kind im gemeinsamen Spiel Zeit und Aufmerksamkeit widmen und Gleichgesinnte im Gespräch finden kann. Die Themen drehen sich dabei nicht nur um die Vereinbarkeit von Familie und Beruf, sondern auch um die Ausfüllung der neuen Rolle als Mutter.

Die Eltern-Kind-Gruppe ermöglicht der Kleinfamilie, andere junge Familien kennen zu lernen und so aus ihrer doch relativ isolierten Lebensweise herauszukommen. Kommunikation, Austausch, Vermittlung konkreter Anregungen und Tipps sowie die Organisation von alltäglichen Hilfen stehen für die jungen Familien im Vordergrund.

Je nach Zielsetzung und Ausrichtung der jeweiligen Einrichtungen haben die Eltern-Kind-Gruppen unterschiedliche Konzeptionen. Die Gruppen, die sich in Eigeninitiative gebildet haben, werden sich aus den vorgenannten Gründen treffen und für sich selbst die Ziele wie folgt benennen:

● Kinder können gemeinsam spielen.
● Eltern treffen sich zum Austausch.
● Familien haben Kontakt zu anderen Familien.

Je nach Organisationsform wird es entweder eine Gruppenleiterin geben oder die Mütter wechseln sich ab, um Anregungen für Kinder und Eltern vorzubereiten und die Gruppenstunden zu planen. Das gemeinsame Singen und Spielen mit den Kindern kann dabei genauso im Vordergrund stehen wie das Gespräch der Mütter untereinander.

Die Familienbildungsstätten als Hauptanbieter von Eltern-Kind-Gruppen haben unter Leitung einer pädagogisch ausgebildeten Fachkraft ein qualifiziertes Angebot für Eltern und Kinder im Programm. Die Konzeptionen der einzelnen Einrichtungen unterscheiden in der Eltern-Kind-Gruppenarbeit deutlich die frühpädagogischen, erwachsenenpädagogischen und gruppenpädagogischen Aspekte in der allgemeinen Zielsetzung. Entsprechende Handlungsziele werden von den Gruppenleiterinnen in ihrer Arbeit verfolgt. Die Ziele stehen im Mittelpunkt der Überlegungen einer Eltern-Kind-Gruppenleiterin bei der Auswahl der Angebote für die Gruppenstunden und bei den begleitenden Gesprächen mit den Eltern, die zum Teil an gesondert angebotenen Elternabenden stattfinden.

Im Rahmen der Qualitätsentwicklung von Weiterbildungsangeboten der Familienbildung haben die Katholischen Familienbildungsstätten über ihre Bundesarbeitsgemeinschaft ein Qualitätshandbuch[1] für die Eltern-Kind-Gruppenarbeit herausgegeben. Das Qualitätshandbuch macht Aussagen zu:

Grundlagen

❍ Qualitätsdiskussion in der Familienbildung
❍ Leitbilddiskussion
❍ Handlungsziele für die Eltern-Kind-Gruppenarbeit

Konzeptbeschreibung

❍ Grundkonzept
❍ Frühpädagogische, erwachsenenpädagogische und gruppenpädagogische Aspekte
❍ Begleitende Elternarbeit
❍ Darstellung einzelner Kurskonzepte
❍ Handlungsorientierungen

Haupt- und ehrenamtliche Mitarbeiterinnen

❍ Qualifikation und Begleitung von Gruppenleiterinnen, Fachbereichsleitung, Arbeitshilfen

Rahmenbedingungen

❍ Räume
❍ Administrative Prozesse
❍ Finanzen
❍ Ökologische Gestaltung

Ergebnissicherung

❍ Sicherung der pädagogischen Ergebnisse
❍ Zufriedenheitsergebnisse bei Teilnehmerinnen, Mitarbeiterinnen und Trägern

Adressaten des Handbuchs sind nicht nur die Mitgliedseinrichtungen der Bundesarbeitsgemeinschaft, sondern darüber hinaus alle Einrichtungen der Familienbildung und andere Anbieter von Eltern-Kind-Gruppen.

Im Bereich der **frühpädagogischen Aspekte** lassen sich unter der Zielsetzung **Begleitung der Kinder in ihrer ganzheitlichen Entwicklung** u. a. folgende Handlungsziele formulieren:

● Vielfältige Erfahrungen für die körperliche, geistige und seelische Entwicklung ermöglichen
● Kinder in ihren unterschiedlichen Entwicklungsaufgaben unterstützen

- Alters- und entwicklungsentsprechende Spielanregungen bieten
- Möglichkeiten der Kontaktaufnahme von Kindern untereinander schaffen
- Kontaktaufnahme der Kinder zu anderen Erwachsenen ermöglichen.

Im Bereich der **erwachsenenpädagogischen Aspekte** stehen unter der Zielsetzung **Stärkung der elterlichen Kompetenzen** u.a. folgende Handlungsziele im Vordergrund:

- Spiel- und Liedrepertoire der Eltern erweitern
- Informationen und Wissen zur kindlichen Entwicklung und zur Erziehung vermitteln
- Erfahrungsaustausch der Eltern untereinander ermöglichen
- Beobachtungsgabe der Eltern in Bezug auf ihre Kinder fördern
- Reflexion von Erziehungsverhalten unterstützen und verschiedene Handlungsmöglichkeiten aufzeigen
- Die Rolle der Eltern, Partnerschaft und Familienbeziehungen thematisieren
- Netzwerk für Familien schaffen.

Unter der Zielsetzung **Unterstützung der Eltern-Kind-Beziehung** werden u.a. folgende Handlungsziele verstanden:

- Verständnis für die Bedürfnisse von Kindern wecken
- Einsicht in eigene Wünsche und Bedürfnisse vermitteln
- Spaß und Freude im gemeinsamen Tun von Eltern und Kindern erleben lassen
- Anregungen zum Zusammenspiel geben
- Loslöseprozesse von Kindern fördern
- Das »Loslassen« der Kinder durch die Eltern unterstützen.

Im Bereich der **gruppenpädagogischen Aspekte** werden unter der Zielsetzung **Förderung der Gruppenfähigkeit** u.a. folgende Handlungsziele benannt:

- Kommunikationsverhalten fördern
- Kritik- und Kompromissfähigkeit stärken
- Verantwortung füreinander übernehmen lassen
- Wecken und Stärken von Eigeninitiative
- Einüben von partnerschaftlichem Verhalten.

1.2 Planung und Gestaltung von Eltern-Kind-Gruppenstunden

Rahmenbedingungen

Die Eltern-Kind-Gruppen zeigen zwar jeweils nach ihren unterschiedlichen Konzeptionen verschiedene Schwerpunkte in der Gestaltung ihrer Gruppenstunden, aber allen gemeinsam ist, dass Eltern und Kinder sich unter dem Aspekt des gemeinsamen Spielens finden. In einer Eltern-Kind-Gruppe treffen sich acht bis zehn Erwachsene – in der überwiegenden Mehrzahl Mütter – mit ihren Kindern im Alter von ca. 6 Monaten bis 3 Jahren über einen längeren Zeitraum hinweg regelmäßig einmal in der Woche. Von der zeitlichen Strukturierung her sind die Gruppenstunden weitgehend auf die Bedürfnisse der Kinder abgestimmt. Daher dauern die Eltern-Kind-Gruppenstunden für die Jüngsten höchstens 1 1/2 Stunden und für die Ältesten längstens 2 1/4 Stunden.

Wünschenswert und hilfreich sowohl für die kindliche Entwicklung als auch für die elterlichen Fragestellungen zu Erziehung und Entwicklung ihrer Kinder ist eine altershomogene Gruppenzusammenstellung. Doch durch terminliche Vorgaben, räumliche Entfernungen, Zusammensein mit bekannten Familien in derselben Gruppe, begrenzte Teilnehmerzahlen u. Ä. wird es sich praktisch nicht immer einrichten lassen, dass Kinder im gleichen Alter zusammenkommen. Darüber hinaus haben Eltern nicht immer die Möglichkeit, Geschwisterkinder während der Spielgruppenstunden außerhalb betreuen zu lassen. In altersgemischten Gruppen treten dagegen nach neueren Erkenntnissen deutlich mehr soziale Verhaltensweisen auf, da die jüngeren Kinder auf dem Weg des Modell-Lernens (Nachahmung) entsprechende Verhaltensweisen von älteren Kindern übernehmen.

Wenn die Eltern-Kind-Gruppe über eine Einrichtung angeboten wird, übernimmt der Träger in Zusammenarbeit mit der Gruppenleiterin die organisatorischen Vorbereitungen, z. B. Werbung, Bekanntgabe von Ort, Termin und Gebühren, Anmeldeverfahren, Bereitstellung von geeigneten Räumlichkeiten und Materialien, Sicherstellung der Finanzierung und vieles mehr. Die Gruppen, die in Eigeninitiative oder in den Gemeinden stattfinden, werden die Organisation selbst in die Hand nehmen.

Die Einrichtungen der Familien- und Erwachsenenbildung stellen in ihren Häusern zum Teil schön gestaltete Spielgruppenräume zur Verfügung, die allein von den Eltern-Kind-Gruppen genutzt werden, oder weichen in Kindergarten- und Gemeinderäume aus. Für die Gruppen in Eigeninitiative stellt die Suche nach geeigneten Räumlichkeiten häufig ein Problem dar. Doch oft ergibt sich die Möglichkeit, für die Zeit der Gruppenstunden einen Raum in den Häusern der Kirchengemeinden oder Kommunen zu bekommen.

Bei der Auswahl und Ausstattung eines geeigneten Raumes sind folgende Kriterien zu berücksichtigen:

»Als Eltern-Kind-Gruppenraum ist ein heller, freundlicher, möglichst großer Raum geeignet. Der Fußboden sollte leicht zu reinigen sein. Heizungen sollten so beschaffen sein, dass sich die Kinder nicht verletzen können. Steckdosen werden mit Kindersicherungen verschlossen. Sanitäre Anlagen müssen sich in unmittelbarer Nähe befinden. Es ist wichtig, dass der Raum viel Bewegungs- und Spielfläche bietet, also wenig Mobiliar enthält, eventuell nur Kindertische und -stühle. Besonders schön sind Matten zum Toben und Ausruhen, Kissen und Kästen. (...) Es ist günstig, wenn das Spiel bei schönem Wetter in einer ruhigen, kindgemäßen Umgebung im Freien stattfinden kann.«[2]

In dem Gruppenraum sollte es einige Sitzgelegenheiten für die Eltern geben. Sinnvoll sind Kissen, damit die Eltern oft auf dem Boden in der Nähe ihrer spielenden Kinder sind. Ein Schrank zur Aufbewahrung der Spielmaterialien und einige Regale für eine Auswahl von Spielzeug, welches die Kinder frei nehmen können, sollte ebenso zur Grundausstattung gehören wie ein Bauteppich und die oben erwähnte Kuschel- und Tobecke.

Spielmaterialien

»Weniger ist mehr!«
(Hans Kükelhaus)

Neben einigen ausgewählten gekauften Spielsachen lassen sich viele Spielmaterialien selbst herstellen. Sie dienen ganz besonders der Kreativitätsentwicklung von Kindern und Eltern. Auch gehören Dinge aus dem täglichen Leben als Spielmaterial dazu, z. B. Haushaltsgegenstände oder Verpackungsmaterialien aller Art.

Nicht alle Spielmaterialien sollten den Kindern gleichzeitig zur Verfügung stehen, denn ein Zuviel an Material wirkt sich hemmend auf das Spiel der Kinder aus. Daher ist es angebracht, im Laufe der Wochen immer mal wieder neue Anreize durch anderes Spielzeug zu geben.

Spielmaterialien

Spielzeug zum Bewegen und Bewegt-Werden	Bälle • Nachzieh- und Schiebespielzeug • Puppenwagen • Rutschauto • Kriechtunnel
Spielzeug zum Bauen und Konstruieren	Bauklötze • Duplo/Lego • Nopper • Turm aus Bechern • Würfelpyramide
Funktionsspielzeug	Formensteckspiel • Steckbretter • Kugelbahn • Hammerspiel • Holzeisenbahn • großer Holzlastwagen/Kipper • Autos
Spielzeug zum Experimentieren und Probieren	Puzzle • Erste Zuordnungsspiele/Farben und Formen • Bilderlotto
Spielzeug für Rollenspiele	Puppen • Teddy • Stofftiere/Holztiere • Haushaltszubehör (Koch- und Backgeschirr, Handfeger und Kehrblech, Telefon, Wecker u. Ä.), Verkleidungskiste, Arztköfferchen, Decken und Kissen
Material zur kreativen Entfaltung	Tapetenrolle, Tapetenmusterbücher, Packpapier • Computerpapier • Wachsmalblöcke, dicke Buntstifte • Fingerfarben • breite Borstenpinsel • Kinderscheren • Kleister zum Kleben • Knetmaterial (selbst hergestellter Knetteig) Material aus dem Alltag (Schachteln, Verpackungen, Zeitschriften, Wolle, Watte u. Ä.) • Naturmaterialien (Kastanien, Eicheln, Tannenzapfen, Blätter, Steine, Holzstücke, Rinde u. Ä.)
Bilderbücher	Pappbilderbücher • Bücherleporellos • Bilderbücher zum Vorlesen

Ablauf und Struktur einer Eltern-Kind-Gruppenstunde

Damit kleinen Kindern die Orientierung innerhalb der ungewohnten Gruppe erleichtert wird, ist es sinnvoll, eine immer gleiche inhaltliche und zeitliche Strukturierung im Ablauf der Treffen vorzunehmen. Sich wiederholende Ablaufmuster helfen kleinen Kindern, sich in ungewohnten und neuen Situationen zurechtzufinden. Wiederkehrende Strukturen signalisieren ihnen zudem Grenzen und Regeln und lassen das Gemeinschaftsgefühl innerhalb der Gruppe wachsen.

Jede Eltern-Kind-Gruppenleiterin und jede Eltern-Kind-Gruppe wird nach einigen Überlegungen und Erfahrungen mit Blick auf die Bedürfnisse der teilnehmenden Kinder und Eltern die Reihenfolge der Ablaufelemente individuell gestalten. Die im folgenden genannten Strukturierungsmöglichkeiten haben sich bewährt:

Ankommensphase

Zur Eltern-Kind-Gruppenstunde werden nicht alle Eltern und Kinder gleichzeitig erscheinen. Nach und nach treffen die Teilnehmer ein und die Kinder beginnen in dem vorbereiteten Raum mit den bereitstehenden Materialien zu spielen. Kinder und Eltern haben die Möglichkeit, sich zu begrüßen und einzeln von der Gruppenleiterin willkommen geheißen zu werden.

Freispiel

Im freien Spiel entscheidet jedes Kind, womit und was es spielen will, ob es allein, mit seiner Mutter oder mit anderen Kindern und Erwachsenen spielen möchte. Es entscheidet über die Dauer und Intensität einer Spielsequenz und über den Wechsel zu neuen Aktivitäten und neuem Spielmaterial. Hierbei wechselt das Spiel zwischen Zuschauen und Einzelspiel, zwischen Nachahmung und dem gemeinsamen Spiel mit anderen. Es wechselt zwischen Bewegung und ruhigeren Phasen, zwischen eigenem Ausprobieren und den aufnehmenden Ergänzungen von Eltern und Gruppenleiterin.

Die Eltern beobachten die Kinder im freien Spiel mit den ausgewählten einfachen Spielmaterialien und bei den ersten sozialen Kontakten untereinander. Sie lassen sich darauf ein, dem Kind nach seinem Wunsch Spielpartner zu sein oder eine Anlaufstelle zum »Sich-Zurückziehen«, zum Ausruhen, Beobachten und »Wieder-Auftanken« zu bieten.

Pause

Je nach Alter der Kinder wird es angebracht sein, gegen Ende der Freispielphase eine Essens- und Trinkpause einzulegen. Das gemeinsame

Essen ist für die meisten Kinder ein Erlebnis, da viele keine Geschwister haben und zu Hause allein oder oft nur mit einem Elternteil essen. Da die Kinder unterschiedliche Essgewohnheiten und -verhaltensweisen haben, beenden sie das Essen zu unterschiedlichen Zeiten. Daher gilt die Regel: Wer fertig ist, kann wieder zum Spiel zurückkehren. Aber gegessen wird nur am Tisch und das Essen darf nicht mit zum Spielen genommen werden.

Anregung und Angebot

Die Gruppenleiterin oder die verantwortlichen Mütter aus der Eltern-Kind-Gruppe bieten ausgewählte Anregungen, die Kinder und Eltern zum gemeinsamen Spiel einladen. Unterschiedlichste Angebote variieren dem Alters- und Entwicklungsstand der Kinder entsprechend. Dabei ist es äußerst wichtig, die Bedürfnisse der Kinder zu berücksichtigen. Während im Freispiel jedes Kind seinen spontanen, individuellen Interessen nachgeht, wird mit dem Angebot die Aufmerksamkeit wieder auf die Gruppe und eine gemeinsame Sache gelenkt. Doch auch hier entscheidet das Kind selbst, ob und wie lange es sich beteiligen möchte.

Fingerspiele, Lieder und Verse mit Bewegungen werden ausprobiert, Klänge und Töne erzeugt, einfache Geschichten erzählt und Bilderbücher angeschaut, Bewegungsspiele mit und ohne Musik durchgeführt, erste Erfahrungen im kreativen Gestalten gemacht, Umgang mit Farben und Formen entdeckt, Spiele für die Sinne erfahren und vieles mehr.

Bei allen Aktivitäten im Laufe der Spielgruppenstunde ist auf den Wechsel von Anspannung und Entspannung, auf Bewegung und Ruhe, auf Aktivität und Passivität zu achten. Denn ein typisches Merkmal des kindlichen Spielverhaltens liegt in diesem wiederholenden Wechsel, dem so genannten Aktivierungszirkel.

Abschiedsphase

Jede Eltern-Kind-Gruppe hat eine eigene Dynamik, eigene Vorlieben und Eigenarten, die durch die Kinder und Eltern bei der gemeinsamen Beschäftigung miteinander zum Ausdruck gebracht werden. So wird auch jede Gruppe ihre eigenen Rituale für den gemeinsamen Abschied finden. Für Kinder ist es wichtig, zum Ende der Gruppenstunde einen deutlichen Schlusspunkt zu setzen. Erwachsene und Kinder nehmen somit bewusst voneinander Abschied. Bei vielen Gruppen ist der Abschlusskreis beliebt, in dem noch einmal die Lieblingsspiele und -lieder der Kinder aufgegriffen werden und der mit dem immer gleichen Abschiedslied endet.

Bei der Strukturierung und der Auswahl der Anregungen sollte ein besonderes Augenmerk auf einer ganzheitlichen Gestaltung der Spielgruppenstunden liegen. Dabei geht es um die Zusammenstellung von Spielen, Liedern, Geschichten und Aktivitäten, die inhaltlich zusammenpassen und sich sinnvoll ergänzen. Sowohl das einzelne Gruppentreffen als auch mehrere Gruppenstunden hintereinander stehen dabei unter einem Thema. So wird die Aufmerksamkeit der Kinder auf eine Sache gerichtet. Das Ziel soll sein, ein Thema verlockend in den Mittelpunkt zu stellen und die Kinder somit anzuregen, sich auf ihre individuelle Art mit dieser gemeinsamen Sache auseinander zu setzen. Gleichzeitig wird das Thema – unter der Berücksichtigung der unterschiedlichen Herangehensweisen der Kinder – auf eine vielfältige Art und Weise angeboten und bietet die verschiedensten Zugänge zur Auseinandersetzung damit. Kindern fällt es durch eine ganzheitliche Gestaltung der Gruppenstunden leichter, die thematisch zusammenhängenden Angebote nachzuvollziehen und ihre Erfahrungen in ihre Entwicklung einzubeziehen.

Doch in der Planung und Gestaltung von Gruppenstunden sollte nicht vergessen werden, dass der Ansatz der Eltern-Kind-Gruppenarbeit handlungs- und situationsorientiert ist. Das heißt, dass das entscheidende Merkmal der Gruppenarbeit in der Beachtung und Würdigung aller am Gruppenprozess beteiligten Faktoren gleichermaßen liegt. »Aufgrund der jeweiligen Lebensumstände und Erfahrungen der Teilnehmer/innen werden sehr unterschiedliche Erwachsene mit sehr unterschiedlichen Kindern an den Gruppen teilnehmen. Das bedeutet, dass die Schwerpunkte in den einzelnen Gruppen recht verschieden sein werden. (...) Lernerfahrungen werden durch das Miteinanderumgehen, nämlich durch Handeln, gemacht, und die einzelnen Gruppenstunden müssen die jeweilige (...) Situation der Teilnehmer/innen berücksichtigen.«[3]

Aus diesem Grund ist es wichtig, dass es sich bei den Anregungen in den Eltern-Kind-Gruppen um freiwillige und offene Angebote handelt, die die unterschiedlichen Möglichkeiten

> »Starre Planung und Planlosigkeit sind gleichermaßen unbrauchbar.« (Ruth C. Cohn)

zum Lernen von Kindern und Eltern gleichermaßen zulassen. Daher orientiert sich der tatsächliche Verlauf der Gruppenstunden stets an der aktuellen Situation der teilnehmenden Kinder und Eltern.

1.3 Rolle und Aufgaben der Gruppenleitung

Die Einrichtungen der Familien- und Erwachsenenbildung bieten Eltern-Kind-Gruppen zum größten Teil unter der Leitung einer pädagogisch ausgebildeten Fachkraft an. Doch auch die in den Kirchengemeinden, Mütterzentren, kommunalen Treffpunkten oder in Eigeninitiative laufenden Gruppen beschäftigen sich mit der Frage der zuständigen Leitung. Entweder müssen die anfallenden Aufgaben verteilt und von allen Gruppenmitgliedern übernommen werden oder es stellt sich eine Teilnehmerin für die spezielle Aufgabe zur Verfügung. Die Einarbeitung in die für die Leitung einer Eltern-Kind-Gruppe wichtigen Aufgaben kann durch spezielle Weiterbildungsangebote geschehen. Verschiedene Organisationen bieten Fortbildungen zur »Fachkraft für Eltern-Kind-Gruppen« auch ohne pädagogische Vorbildung an.[4] Die Einarbeitung in fachliche Themen wie die kindliche Entwicklung und das kindliche Spielverhalten kann durch die Lektüre von Fachartikeln und Fachbüchern geschehen. Auch zum Thema »Gruppenleiten allgemein« lassen sich in einigen Ratgebern wertvolle Hinweise finden.

Doch vor allem kommt es darauf an: »Das Wichtigste beim Gruppenleiten ist die Persönlichkeit mit Kopf und Bauch und allen ihren Erfahrungen. Buchwissen allein nützt nichts, aber der Kopf ist wichtig zum Verarbeiten von Erfahrungen und für den Überblick. Wer versucht aus seiner Mitte zu leben, sich auf seine Intuition zu verlassen, kann mit diesem Selbstvertrauen daran gehen weiterzulernen, auch durch Üben. Ebenso wichtig ist es für jede, ihre Grenzen zu kennen, damit sie sich nicht überfordert.«[5]

Die im Folgenden benannten Aspekte bieten der Leiterin von Eltern-Kind-Gruppen einen Orientierungsrahmen und helfen ihr bei der Gestaltung ihrer Arbeit:

● Die Gruppenleiterin sorgt für den äußeren Rahmen der Eltern-Kind-Gruppe, indem sie den Raum herrichtet, Spielmaterialen auswählt und eine einladende Atmosphäre schafft.

● Sie plant und bereitet die einzelnen Gruppentreffen vor. Hierbei orientiert sie sich an jedem einzelnen Kind und jedem Erwachsenen mit seinen individuellen Interessen und berücksichtigt sowohl das Spiel als auch das Gespräch in der Gesamtgruppe.

● Sie überlegt sich einen Themenschwerpunkt mit bestimmten Zielvorstellungen für die jeweiligen Gruppenstunden. Wichtig für eine gelungene Planung ist die Berücksichtigung der Antworten zu den Fragen:

○ *Was will ich mit meinem Spiel, meinem Material, meiner Anregung erreichen?*
○ *Was bedeutet das für die Kinder? Was bedeutet das für die Eltern? Was heißt das unter Umständen auch für das einzelne Mutter-Kind-Paar?*
○ *Was muss ich bei der Durchführung beachten?*

● Sie achtet darauf, dass sich die gemeinsamen Spielanregungen sowohl an die Kinder als auch an die Erwachsenen richten, und begleitet diese.
● Sie bezieht Ideen und ergänzende Spiele von Kindern und Eltern mit ein. Sie unterstützt die Eigenaktivitäten der Einzelnen und der Gruppe.
● Sie ermöglicht Kindern und Eltern durch ausgewählte Spiel- und Beschäftigungsanregungen unterschiedliche Lernsituationen.
● Sie stellt sich als Ansprechpartnerin für Kinder und Eltern zur Verfügung, sie bietet sich als Vertrauensperson an.
● Sie ist nicht Expertin für alle Fachfragen von Eltern. Sie weiß aber über Beratungs- und Hilfsangebote für Familien in ihrer Region Bescheid.
● Sie bietet nach Absprache begleitende Gesprächsabende an, damit Eltern sich in Ruhe über Fragen und Probleme austauschen können. Auch Vereinbarungen für das Miteinander in der Gruppe können in entspannter Atmosphäre getroffen werden.
● Sie reflektiert im Anschluss an die Gruppentreffen ihre Arbeit. Sie überlegt, inwieweit ihre Zielvorstellungen mit der Gruppensituation übereinstimmen und was sie mit ihren Angeboten erreicht hat.
● Sie steht im Kontakt mit anderen Leiterinnen von Eltern-Kind-Gruppen, um Erfahrungen auszutauschen und sich kollegial zu beraten. Sie nimmt an Fortbildungsveranstaltungen teil, um für ihre Arbeit Anregungen zu erhalten und neue Kraft und Energie zu schöpfen.

Eine Gruppenleiterin tut gut daran, sich in ihrer Rolle nicht als Leiterin, sondern als Begleiterin einer Gruppe zu sehen. Dies hilft ihr und den Teilnehmenden, sich nicht allein verantwortlich für alle Geschehnisse in der Gruppe zu fühlen und für deren Gelingen nicht allein zuständig zu sein. Denn jedes Gruppenmitglied hat Anteil am gemeinsamen Gruppengeschehen und trägt Verantwortung für das Gelingen einer Gruppe.

2 Die Entwicklung von Kleinkindern

2.1 Grundverständnis der kindlichen Entwicklung

Von Geburt an hat jedes Kind den inneren Drang, sich weiterzuentwickeln. Jeder Tag im Leben eines Kindes wird es in seiner Entwicklung weiterbringen. Es wächst, seine Organe reifen heran und sein Nervensystem verzweigt und vernetzt sich zusehends. Das Kind erweitert seine Fähigkeiten und Kenntnisse und verändert sich aufgrund von Erfahrungen. Die Umwelt und die Personen, mit denen das Kind seine Zeit verbringt, werden es in seiner Entwicklung beeinflussen. Eltern und Erzieherinnen müssen sich jedoch nicht ständig aktiv bemühen, damit das Kind Fortschritte macht. Das Kind selbst wird von Anfang an seine Entwicklung mitbestimmen: durch seine individuellen Anlagen und seine persönliche Art und Weise, auf die Welt zuzugehen und Eindrücke zu verarbeiten. Das Kind entwickelt sich aus sich selbst heraus, wenn es sich körperlich und psychisch wohlfühlt.

Im Sinne der Entwicklungspsychologie wird die frühkindliche Entwicklung als ein Ineinanderwirken von Reifen, Wachsen und Lernen bezeichnet. Reifung bezieht sich dabei auf die Veränderungsprozesse der körperlichen Organe und Systeme. Wachstum bedeutet die generelle Zunahme des Organismus und seiner einzelnen Teile. Lernen heißt, sich an einen Reiz zu gewöhnen und dann zu reagieren, wenn plötzlich eine Veränderung eintritt. **Lernen bedeutet somit immer eine Verhaltensänderung aufgrund von Erfahrungen.** Somit wird Entwicklung definiert als »eine Reihe von untereinander verbundenen Veränderungen, die auf der Basis von Reifen, ‹Wachsen› und Lernen zu ungefähren Zeitpunkten im Leben eines Menschen auftreten«.[6]

Wenn Eltern ihr Kind mit Gleichaltrigen vergleichen, werden sie gewisse Ähnlichkeiten im Ablauf der Entwicklung feststellen, aber auch zahlreiche Unterschiede entdecken können. Jedes Kind hat seine eigene Entwicklungsgeschichte und sein eigenes Entwicklungstempo. Veränderungen in und an Kindern vollziehen sich nicht bei allen im gleichen Alter. Jedes Kind entwickelt sich auf seine individuelle Weise. Die einzelnen Entwicklungsschritte verlaufen zwar in einer ähnlichen Reihenfolge und scheinen sich aufeinander aufzubauen, sie finden aber bei den Kindern zu unterschiedlichen Zeitpunkten statt. »Entwicklung verläuft dementsprechend auch bei jedem einzelnen Kind nicht immer gleichmäßig, sondern eher wellenförmig in Schüben.«[7]

Die Entwicklung eines jeden Kindes hängt nicht nur von den biologischen Veränderungen in seinem Körper ab, sondern ebenso von seinen eigenen Erwartungen und Bedürfnissen, die sein Denken und Handeln beeinflussen. Darüber hinaus spielen die Anforderungen der Umwelt eine wichtige Rolle.

Das Kind sucht sich eigenständig Entwicklungsanreize aus diesen drei Bereichen und entscheidet, auf welche Anforderungen es reagiert und auf welche nicht.

Da das Kind in einem beständigen, aktiven Austausch mit seiner Umwelt steht, beeinflusst es mit seinen neu erworbenen Fähigkeiten wiederum seine Umwelt. Damit verändert es gleichsam seine Umwelt, während es von ihr verändert wird.

Aus diesem Verständnis von Entwicklung ergibt sich: **Eltern und Erzieherinnen sind Anreger und nicht Gestalter der kindlichen Entwicklung.** In dieser Rolle geben sie dem Kind Anregungen, fühlen sich in Bedürfnisse und Handlungsmotive von Kindern ein und schaffen ihnen eine vielgestaltige, anregungsreiche Umwelt.

Die Kinder greifen ihren Fähigkeiten entsprechend die Anregungen auf, die sie brauchen, um in eine nächste Entwicklungsphase zu gelangen. Dabei wechseln Zeiten der Ruhe und Sicherheit mit Zeiten der Unruhe, des Suchens und der Unsicherheit ab. Jede Zeit der Zufriedenheit über neu erworbene Fähigkeiten und Einsichten ist das Ergebnis einer vorangegangenen Experimentierphase voller Zweifel und Unausgeglichenheit. »Nach deutlichen Fortschritten treten immer wieder Phasen auf, in denen beobachtbare Entwicklung stillzustehen scheint oder gar Rückschritte aufweist. In Zeiten solch scheinbarer Stillstände finden sehr wichtige Verarbeitungsprozesse statt, in denen bisherige Erfahrungen eingeordnet und sich zu eigen gemacht werden. Im Anschluss daran geht es dann oft sprunghaft weiter.«[8]

Damit Kinder in ihrer Entwicklung Fortschritte machen können, brauchen sie ehrliche und aktive Begleitung und keine altersspezifischen Lernprogramme. Kinder selbst drängen nach Erprobung und Anwendung neuer Fähigkeiten. Dies gilt für alle Kinder, auch für diejenigen mit Entwicklungsstörungen.

Die kindliche Entwicklung findet in verschiedenen Bereichen statt. Die unterschiedlichen Entwicklungsbereiche – die Bewegungsentwicklung, die Entwicklung der Sinneswahrnehmung, die sozial-emotionale Entwicklung, die Entwicklung von Sprachfähigkeit und Sprachverständnis – stehen in enger Beziehung zueinander.

Ein Kind, das heranwächst, wird nicht nur älter, größer und schwerer, sondern auch stärker, geschickter und klüger. Es wird zunehmend selbstständiger und erlangt dadurch eine größere Unabhängigkeit. Es erweitert seinen Aktionsradius und erobert seine Umwelt. Das Kind versucht sich in seiner Umwelt zurechtzufinden, indem es sich seiner Umgebung mehr und mehr anpasst. Diese Anpassungsleistung erfordert das frühe Üben im Zusammenspiel von Nerven und Muskeln. Dadurch werden die kindlichen Sinnesbahnen zum Gehirn »durchgeschaltet« und Erinnerungen in den Gehirnzellen gespeichert. Das Gedächtnis bewirkt, dass das Kind Erlebtes wiedererkennt, einordnet und begreift. Neue Sinneseindrücke werden mit den bereits im Gedächtnis gespeicherten verglichen und es setzt der Prozess des Verstehens ein. Das bedeutet, dass sich dem Kind durch vielfältige Sinneswahrnehmungen große Lernmöglichkeiten eröffnen.

Doch nicht nur das Aufnehmen und Verarbeiten von Umwelteindrücken trägt zur Weiterentwicklung des Kindes bei. Das Kind muss auch lernen, sich durch aktives Handeln mit seiner Umwelt auseinander zu setzen. Dazu braucht es seinen Körper, mit dem es sich bewegen kann. Durch die Bewegung kann es lernend und experimentierend das vertiefen, was es durch die Sinne nur bedingt erfahren konnte. Seine Hände unterstützen durch das Betasten und Ergreifen das Begreifen im Gehirn. Mit seinen Händen führt das Kind Handlungen aus, die zugleich Mitteilungen an die Außenwelt bedeuten. So lernt das Kind während der ersten Zeit seines Lebens seine Wünsche und Bedürfnisse nicht nur über seine Stimme und seine Mimik, sondern insbesondere über seine Handlungen auszudrücken. Später wird es mehr und mehr die Sprache als wichtigstes menschliches Kommunikationsmittel entdecken.

Damit ein Kind jedoch all seine Entwicklungsschritte vollziehen kann, braucht es soziale Beziehungen. Durch die erste zwischenmenschliche Bindung, in der Regel die Bindung zu seiner Mutter, erhält ein Kind alle Voraussetzungen, die es für eine gesunde Entwicklung braucht.

Auf einem Saatfeld, das täglich umgepflügt wird, gedeiht kein Weizen.
(Chinesisches Sprichwort)

2.2 Bindung und Beziehung – das Grundbedürfnis menschlichen Lebens

Von Beginn seines Lebens an sucht das Kind Geborgenheit bei den ihm vertrauten Personen. Für sein Wohlbefinden und seine weitere Entwicklung braucht das Kind die Nähe und die Fürsorge seiner Eltern. Dadurch bekommt es nicht nur Nahrung, Wärme und Pflege, sondern es erfährt durch Berührung, Blickkontakt und Ansprache die Erfüllung seiner Grundbedürfnisse nach Schutz und Geborgenheit. Die Liebe seiner Eltern bedeutet für das Kind, Beziehung aufzunehmen und in Kontakt mit anderen Menschen zu treten. Dies stellt einen unabdingbaren Bestandteil des menschlichen Lebens dar, wie Paul Watzlawik[9] wohl zu Recht behauptet. Als soziales Wesen braucht der Mensch andere Menschen, die ihm das Gefühl des Angenommenseins vermitteln, und dies ist besonders in der ersten Zeit des menschlichen Lebens von großer Bedeutung.

Von Geburt an sendet das kleine Kind über seine Verhaltensweisen Signale zur Aufnahme von Beziehungen aus: Lächeln, Anschmiegen, Schreien, Festklammern, zur Mutter krabbeln, nach den Eltern suchen. Seine Eltern beantworten diese Signale intuitiv, da sie mit biologisch angelegten Verhaltensweisen ausgestattet sind. Mary Ainsworth[10] geht davon aus, dass für die Qualität der Bedingungsbeziehung die Fähigkeit der Bezugsperson entscheidend ist, einfühlsam auf die Signale und Bedürfnisse des Kindes einzugehen. Eltern werden dann als feinfühlig bezeichnet, wenn sie nach dem Bemerken der kindlichen Signale diese richtig deuten und sich daraufhin angemessen verhalten. Man kann darauf vertrauen, dass fast alle Eltern intuitiv wissen, wie sie sich in ihr Baby einfühlen müssen, um seine Bedürfnisse ernst zu nehmen und angemessen darauf zu reagieren. Die Grundbedürfnisse eines Kindes müssen gerade zu Beginn seines Lebens sofort erfüllt werden, da ein so kleines Baby noch ausschließlich in der Gegenwart lebt. Erst mit zunehmender Erfahrung lernt das Kind abzuwarten. Eltern, die feinfühlig auf ihr Kind reagieren, antworten auf das konkrete Bindungsverhalten des Kindes mit dem Fürsorgeverhalten des Erwachsenen. Schützen, Umsorgen, Liebkosen und Trösten sind elterliche Verhaltensweisen, die das Kind für sein Gedeihen braucht und die letztendlich förderlich für seine weitere Entwicklung sind. So sind Kinder und Eltern mit fein aufeinander abgestimmten Kompetenzen ausgestattet, die es ihnen erlauben, als eigentlich ungleiche Partner miteinander in Kontakt zu treten und eine Beziehung einzugehen.

Obwohl das Bedürfnis nach Geborgenheit bei Kindern und Erwachsenen gleichermaßen vorhanden ist, verändert sich dieses ständig im Laufe des Lebens. Jeder Altersabschnitt hat somit seine eigene Bedeutung für die sozialemotionale Entwicklung des Kindes. Das Baby hat nicht die gleichen Bedürfnisse wie ein Neugeborenes und das Kleinkind hat wiederum andere Bedürfnisse als das Kindergartenkind. Eltern sind daher aufgefordert, ihre Kinder einfühlsam zu beobachten und zu erkennen, wie diese sich weiterentwickelt haben, damit sie ihre elterlichen Verhaltensweisen angemessen darauf ausrichten können.

Für Kinder im Kleinkindalter haben die Eltern nicht nur eine Bedeutung in ihrer Schutz- und Geborgenheitsfunktion, sondern auch in der Funktion einer sicheren Ausgangsbasis, von der aus das Kind die Umwelt erkundet. Gerade in den Eltern-Kind-Gruppen ist zu beobachten, dass ein Kind, das sich bindungssicher fühlt, da seine Mutter in der Nähe ist, sich weiter in den Raum fortwagt, um Gegenstände und Personen zu erkunden. Dabei rückversichert es sich des Öfteren mit Blicken zu seiner Mutter als sicherer Ausgangsbasis. Die Bindungssicherheit ermöglicht dem Kind die Erkundung seiner Umgebung, das Aufnehmen von sozialen Kontakten und aktives Spielverhalten.

Fühlt sich das Kind in einer Situation unsicher oder überfordert, wird es den Schutz bei seiner Mutter suchen. Die Nähe zu seiner Bezugsperson oder der enge körperliche Kontakt bringt das Kind wieder in Balance, es kann »auftanken« und sich anschließend wieder aktiv seiner Umwelt zuwenden. So wechseln Erkundungs- und Bindungsverhalten einander ab. Die Grundelemente einer sicheren Bindung spiegeln sich somit in einer ausgewogenen Balance von Bindungsverhalten und Neugier.

Mit fortschreitendem Alter hat das Kind gelernt, seine Eltern als verlässliche Bezugspersonen zu sehen, und so werden im alltäglichen Miteinander weniger Bindungsverhaltensweisen beim Kind auftreten. Das Kind wird zunehmend selbstsicherer und will mehr Eigenständigkeit. Das hat zur Folge, dass sich die Konflikte über die Selbstständigkeitsbereiche des Kindes bei den Eltern verstärken. Eltern, insbesondere Mütter, müssen lernen, ihr Kind loszulassen. Eltern möchten einmal erreichte Beziehungsformen gerne erhalten. Doch die Eltern-Kind-Beziehung wandelt sich ständig und braucht neue Verhaltensweisen. Das Kind hat, wie Remo Largo es beschreibt, »... die etwas mühselige Aufgabe, uns Eltern immer wieder vor Augen zu führen, dass es sich weiterentwickelt hat und wir - bitte - mit ihm anders umgehen möchten. (...) Kinder wollen selbstständig werden. Sie wollen ihrem Entwicklungsstand entsprechend selbst bestimmen und handeln. Dem Kind Geborgenheit zu geben, ohne es dabei in seiner Entwicklung zur Selbstständigkeit zu behindern, ist die hohe Kunst des Erziehens.«[11]

Das Kind zeigt in seiner Entwicklung unterschiedliche Bindungsverhaltensweisen. Zu Beginn seines Lebens ist das Kind eigentlich unabhängig von einer bestimmten Person sozial ansprechbar, d. h. es richtet seine Signale zur Aufnahme einer Beziehung ohne Unterschied an seine Umwelt. Erst im Miteinander lernt das Kind die Personen zu unterscheiden und gewöhnt sich an sie. Bald kann das Kind ihm vertraute Personen erkennen, es richtet seine Signale bevorzugt an eine bestimmte Person oder an nur wenige ihm vertraute Personen. Es erweitert sein aktives Repertoire an Bindungsverhaltensweisen. Im weiteren Entwicklungsverlauf wird sich das Kind aktiv durch Robben, Krabbeln, Laufen in die Nähe seiner Bezugsperson bringen. Da es nun deutlich zwischen ihm vertrauten und fremden Personen unterscheiden kann, wird es protestieren, wenn seine Bezugsperson es verlässt. Diese Zeit wird auch als Phase des »Fremdelns« bezeichnet. Das Kind vermisst seine Bezugsperson bei Abwesenheit und es richtet sein Verhalten flexibel darauf aus, diese Person wieder in seine Nähe zu bringen. Dies alles sind Anzeichen dafür, dass das Kind eine Beziehung hergestellt hat; man spricht nun von der **eigentlichen Bindung**.

Etwa ab dem 3. Lebensjahr setzt die Phase ein, in der das Kind versucht, das Verhalten der anderen in Bezug auf Fürsorge und Geborgenheit zu beeinflussen. Das Kind beherrscht nun die Fähigkeit der sprachlichen Kommunikation und beginnt sich in andere hineinzuversetzen. Es verhandelt nun mit der Bezugsperson über deren An- und Abwesenheit und lässt nach Absprache ihm sonst auch vertraute Personen als »Ersatz« zu. So kann das Kind, einhergehend mit dem erweiterten Erwerb der Sprache und des Sprachverständnisses, die Verhaltensweisen von Bindungspersonen verbal beeinflussen und mit ihnen Zusammensein und Trennung vereinbaren.

Die Grundvoraussetzung für das Entstehen von Bindungen zwischen Menschen sind die Nähe und die Zuverlässigkeit. »Alle Kinder entwickeln eine Bindung an die sie betreuenden Erwachsenen. Sie ist eine wichtige Voraussetzung für ihre weitere Entwicklung.

Welche Qualität die Bindung der Kinder an ihre Eltern hat, hängt aber von ihrer weiteren gemeinsamen Lebensgeschichte und dem Temperament der Kinder ab. Es gibt Kinder, die ihre Gefühle sehr offen ausdrücken und in ihren Nöten und Freuden leicht lesbar sind. Wenn sie Eltern haben, die sich ihnen ebenso offen und zuverlässig zuwenden, entsteht daraus eine sichere Bindung. Ist aber entweder das Kind für seine Eltern schwer lesbar oder haben die Eltern nicht die Ruhe und Muße, sich um die kleinen Nöte ihres Kindes zu kümmern, haben sie ein ganz anderes Temperament als ihr Kind oder achten sie zu früh darauf, dass das Kind mit seinen kleinen Kümmernissen allein fertig werden soll, dann halten sich die Kinder auch in ihrem Bindungsverhalten zunehmend zurück und werden verschlossener und vorsichtiger in ihren Erkundungsunternehmungen.

Anstrengend ist es auch für kleine Kinder, wenn sie mal mit Liebe überschüttet und ebenso unvorhersehbar in für sie schwierigen Situationen allein gelassen werden. Alle diese Kinder entwickeln enge Bindungen an ihre Eltern, aber auch ein jeweils unterschiedliches Bild von der Verlässlichkeit der Welt, das sie als Erfahrung in ihre weitere Entwicklungsgeschichte mitnehmen.«[12]

2.3 Die Bedeutung des kindlichen Spiels

Ein wichtiger Bestandteil in der Entwicklung eines Kindes ist sein Spiel und Spielverhalten. Spielend entdeckt das Kind seine Umwelt, erkundet und erforscht sie, erobert sie und macht sie sich zu eigen. Im Spiel erfährt das Kind sich selbst und den Umgang mit den Dingen und Menschen dieser Welt.

Um sich ganz und gar auf sein Spiel konzentrieren zu können, muss ein Kind sich wohl und geborgen fühlen. In einer kindgerechten Umgebung kann es seinem Spieltrieb nachgehen. Wer einmal ein spielendes Kind beobachtet hat, sieht, mit wie viel Freude und Hingabe und mit welch unvergleichlichem Ernst es bei der Sache ist. Dabei unterscheidet sich die kindliche Tätigkeit ganz erheblich von der eines Erwachsenen. Das Kind spielt um der Tätigkeit willen und nimmt die Handlung im Spiel als eigentlichen Sinn. Der Erwachsene richtet seine Handlungen nach Zweckmäßigkeit und Zielorientierung aus. Das kleine Kind ist in seinem Spielverhalten nicht an einem bestimmten Ziel oder Zweck interessiert, auch wenn seine Tätigkeiten vorbereitend auf seine weiteren Entwicklungsschritte sind. Dem Kind ist an dem Prozess des Spiels gelegen und daher wechseln seine Spielhandlungen nach seinen eigenen Gesetzmäßigkeiten. Die Entwicklungspsychologen Rolf Oerter und Leo Montada bezeichnen dies als **Selbstzweck des Spiels (Handlung um der Handlung willen)**.[13] Dem Kind sind Kontrolle und Selbstbestimmtheit im Spiel ganz wichtige Faktoren. Es will eigenbestimmt für sich die Handlungen aussuchen und die Tätigkeiten verrichten, die zu diesem Zeitpunkt für es von Bedeutung sind.

So lässt sich anhand des Spielverhaltens auf den Entwicklungsstand des Kindes schließen. Im Spiel drückt das Kind aus, wie weit es entwickelt ist und was es noch für seine weiterführenden Entwicklungsschritte braucht.

Auch wenn je nach Kindesalter verschiedene Verhaltensweisen im Spiel auftreten, so zeigen doch alle Kinder eine gleiche Abfolge von Spielverhalten. Zu Beginn spielt der Säugling mit seinen Fingern, später lernt das Kind Dinge in die Hand zu nehmen und sie spielerisch zu begreifen. Erkundet das Kind krabbelnd seine Umwelt, wird es Öffnungen mit einem Finger untersuchen oder Behälter entleeren und wieder füllen. Es wird versuchen, Klötze aneinander zu schlagen oder mit Bausteinen einen Turm zu bauen. Steht es sicher mit beiden Beinen auf der Erde, wird es mit Vergnügen hüpfen und rennen oder sich verstecken.

Je nach Temperament und Ausdauer sind bei den Kindern die verschiedenen Spielverhaltensweisen unterschiedlich stark ausgeprägt. Ein Kind wird sich über einen längeren Zeitraum intensiv mit einem Spiel beschäftigen, während ein anderes im selben Alter neugierig die unterschiedlichsten Spiele ausprobiert. Und doch tritt bei allen Kindern die gleiche Abfolge im Spielverhalten auf.[14]

Ebenso hat man durch genaue Beobachtung spielender Kinder herausgefunden, dass bestimmte Verhaltensweisen beim Spielen sich bei allen Kindern in allen Kulturen finden lassen. Remo Largo bezeichnet das Spielverhalten von Kindern als universal. »Der Inhalt des Spiels wird durch den gesetzmäßigen Ablauf der geistigen Entwicklung bestimmt. Der Ausdruck des Spiels aber ist zeit- und kulturgebunden und damit verschieden von Generation zu Generation und von Gesellschaft zu Gesellschaft.«[15] So zeigen alle Kinder der Welt ein angeborenes Interesse am Spiel. Das Kind macht im Spiel Erfahrungen, die für seine körperliche, geistige und soziale Entwicklung bedeutsam sind.

Zu Beginn richtet das kleine Kind seine Spielhandlungen auf das Einüben angeborener Fähigkeiten aus. Insbesondere die frühe Motorik ist geprägt von angeborenen Verhaltensmustern. Spielerisch probiert das Kind die Funktionen seines Körpers aus, übt koordinierte Bewegungsabläufe und entwickelt im Spiel seine Fortbewegung weiter. Wenn das Kind sich fortbewegen kann, wird es seine Umgebung immer weiträumiger erforschen und vielfältige räumliche Erfahrungen sammeln. Diese erste kindliche Spielform, die sich mit dem Körper beschäftigt und die die entsprechenden motorischen Handlungen mit den Eindrücken der Sinneswahrnehmung verbindet, nennt man das **sensomotorische Spiel**.

Das Greifen von Gegenständen und das Hantieren mit ihnen lässt das Kind vielfältige Erfahrungen über die physikalischen Gesetzmäßigkeiten der Dinge in seiner Umwelt machen. Mit Händen, Mund und Augen lernt es die Eigenschaften der Gegenstände kennen und beginnt sie voneinander zu unterscheiden. Es entdeckt Ursache und Wirkung und lernt logische Zusammenhänge erkennen. Diese Spielform in der Tätigkeit mit Gegenständen wird als **Funktionsspiel** bezeichnet. R. Oerter und L. Montada nennen dieses Erkundungsverhalten auch das **Informationsspiel**. Mit fortschreitendem Alter wird das Kind lernen, die Gegenstände so zu benutzen, dass es aus ihnen oder mit ihrer Hilfe etwas bauen oder herstellen kann. Diese realitätsbezogene Spielform wird als **Konstruktionsspiel** bezeichnet.

Vom ersten Tag seines Lebens an beginnt das Kind durch Nachahmung seine Umwelt zu erfassen. Gleichsam mit dem Bedürfnis nach Bindung und Beziehung einhergehend, ahmt das Kind spielerisch Verhaltensweisen und Handlungen seiner Eltern und Geschwister nach. Vorrangig dabei ist das soziale Spiel, bei dem Mimik, Gestik und Bewegung imitiert werden. Sie dienen dem

Kind dazu, hineinzuwachsen in die menschliche Gesellschaft, Kontakt aufzunehmen und soziale Beziehungen einzugehen. Auch der Erwerb der Sprache ist auf die Nachahmung von Lauten und Tönen angewiesen, die das Kind in seiner Familie hört. Im Verlauf der weiteren Entwicklung des Kindes werden Sprache und Nachahmung in Liedern, Reimen, Bewegungshandlungen und sozialen Gemeinschaftsspielen zusammengeführt. Dem Kind ermöglichen sie vielfältige Erfahrungen und lassen es Zusammenhänge erkennen.

Somit setzt sich das Kind im Spiel aktiv mit seiner realen Welt auseinander und erlebt die Wirklichkeit seiner Umgebung. Diese äußere Wirklichkeit vergleicht das Kind mit seiner inneren Wirklichkeit, mit seinen Gedanken und Gefühlen, seinen eigenen Wünschen, Ängsten und Phantasien. Daher erfüllt jede Spielhandlung für das Kind eine wichtige Funktion. Später vermag es in seinem Spielverhalten zwischen der Realität der Welt und seinem phantasievollen Spiel zu unterscheiden. Das Kind »tut nur so als ob« der Bauklotz ein Auto sei oder die Puppe mit Brei gefüttert wird. Diese Als-ob-Spiele werden **Symbol- oder Fiktionsspiele** genannt. Ihnen eigen ist ein wesentliches Merkmal des kindlichen Spiels: der Wechsel des Realitätsbezugs.[16]

Im Zusammensein mit anderen Kindern probiert das Kind seine Fähigkeiten und Verhaltensweisen spielerisch aus. Zu Anfang werden Kinder im Spiel einander beobachtend und nachahmend begegnen. Erwachsene sehen diese Formen des Spielverhaltens von Kindern noch nicht als Spiel an. Beobachten sie jedoch einmal genau das Spiel der Kinder, werden sie sehen, wie diese aufeinander bezogen ihre Handlungen ausführen oder zu einem etwas späteren Zeitpunkt diese spielerisch nachamen. Verfügt das Kind über ausreichende Möglichkeiten zum Zusammensein mit anderen Kindern, wird es bald im Kontakt mit diesen seine sozialen Fähigkeiten erweitern. Mit zunehmendem Erwerb der Sprache können Kinder sich über ihre Tätigkeiten verständigen und erste Absprachen über Handlungssequenzen treffen. Diese Spielform wird als **Rollenspiel** bezeichnet.

Erst wenn die Kinder älter sind, werden sie Spiele spielen, die nach Regeln festgelegt sind - fast immer Wettstreitspiele, die zum Leistungsvergleich auffordern und die nur in den ersten Anfängen in Eltern-Kind-Gruppen zu finden sind.

Allen Spielformen gemeinsam ist, dass sie Wiederholungen zeigen. Solche Handlungswiederholungen haben häufig einen festgelegten Ablauf und weisen Rituale auf. Eltern-Kind-Gruppen sollten auf dieses Bedürfnis der Kinder nach stets gleichen Abläufen und Wiederholungen eingehen.

Spielverhalten und Spielformen der Kinder machen deutlich, wie wichtig das Spiel für die kindliche Entwicklung ist. Das Spiel eröffnet dem Kind die besten Möglichkeiten zur Entfaltung seiner Fähigkeiten und stellt die aktivste Form des Lernens für ein Kind dar. Wollen Eltern, Erzieherinnen und Gruppen-leiterinnen den Kindern das Bestmögliche bieten, sollten sie ihnen ausreichend Zeit und Gelegenheit zum Spielen geben. Dazu gehört unabdingbar die Grundvoraussetzung von Zuwendung, Fürsorge und Geborgenheit. Fühlt ein Kind sich wohl und geborgen, hat es Ruhe und eine kindgerechte Umgebung, kann es sich voller Hingabe seinem Spiel widmen.

> *»Das Spiel übernimmt Aufgaben der Lebensbewältigung zu einem Zeitpunkt, da andere Techniken und Möglichkeiten noch nicht zur Verfügung stehen.«*
> (Oerter/Montada)

Da das Spielverhalten der Kinder mit den Anregungen der Umwelt verbunden ist, sollten die Erwachsenen neben der kindgerechten Umgebung auch für ein angemessenes Angebot an Spielmaterialien sorgen. Hierzu zählen insbesondere die Gegenstände des täglichen Lebens. Oft sind Eltern überrascht, dass die Kinder nicht mit dem extra für sie angeschafften Spielzeug spielen, sondern sich lieber mit Haushaltsgegenständen, Zeitschriften und Pappschachteln oder Fusseln und Krümeln auf dem Fußboden beschäftigen. Ob ein Gegenstand ein Spielzeug ist oder nicht, bestimmt das Kind allein. Erwachsene tun gut daran, das spielende Kind in seinem Tun zu beobachten und ihm dann entsprechendes Material anzubieten. Möchte der Erwachsene mit dem Kind spielen, ist es ebenfalls wichtig, das Kind zuerst in seinem Tun zu beobachten und es dann nachzuahmen. So wird das Kind im Spiel dort abgeholt, wo es in seiner Entwicklung steht, und kann weder über- noch unterfordert werden.

Eltern, Erzieherinnen und Gruppenleiterinnen stellen sich als Spielpartner zur Verfügung und passen sich dem Kind an. Dabei stellt das Einüben von Zurückhaltung die größte Anforderung für den Erwachsenen dar. Sinnvoll ist es, wenn er dem Kind im Spiel erst dann hilft oder Vorbild ist, wenn das Kind die Hilfe auch tatsächlich braucht. Auch ist es wichtig, dass der Erwachsene nicht den Zweck oder das Ziel eines Spiels vorgibt oder das Ergebnis des kindlichen Tuns interpretiert. Das Miteinanderspielen sollte geprägt sein von Achtung und Akzeptanz des kindlichen Spielverhaltens.

Sind all diese Bedingungen gegeben, wird das Spiel dem Kind auf allen Ebenen förderlich sein. So braucht es keine ausgeklügelten, qualifizierten Lernprogramme und Förderspiele, denn nach dem heutigen Wissensstand der Entwicklungspsychologie ist ein Zusammenhang zwischen Spiel und Kreativität, zwischen Spiel und Flexibilität, zwischen Spiel und Selbstvertrauen und zwischen Spiel und Selbstständigkeit erwiesen.

2.4 Zur Geschichte des Spiels und der Spielpädagogik

In jeder Zeitepoche und in allen Kulturen der Menschheitsgeschichte haben Menschen gespielt. Geprägt durch ihre Umwelt, reagierten die Menschen in ihren jeweiligen sozialen Gemeinschaften recht unterschiedlich auf das Spiel, insbesondere auf das kindliche Spiel.

In der Ur- und Frühzeit war die Welt des kindlichen Spiels und die Welt der Erwachsenen mit ihren Tätigkeiten nicht voneinander getrennt. Die Kinder nahmen selbstverständlich am Leben der Erwachsenen teil. Sicherlich spielten die Kinder auch mit den Dingen der Natur, doch vorwiegend beschäftigten sie sich mit kleinen Nachbildungen von Handwerkszeugen und Gerätschaften aus dem Leben der Erwachsenen. Somit ahmten sie im Wesentlichen die Tätigkeiten der Erwachsenen nach. Erst wenn der Erwachsene seine Tätigkeit unterbrach, um sie dem Kind zu zeigen oder zu erklären, konnte man erste Anzeichen von Erziehung im gemeinsamen Tun sehen. Die Wissenschaft der Spielpädagogik bezeichnet diesen Moment als Anfang der Erziehung. »Erziehung – und im Übrigen auch das Spiel – kann also erst dann beginnen, wenn die Lebenssituation der Menschen es erlaubt, die Sorge um das Überleben einen Moment zurückzustellen.«[17]

Bei den Naturvölkern war der erzieherische Umgang mit dem kindlichen Spiel also auf die Nachahmung von Tätigkeiten und auf die Eingewöhnung in Rollen des Erwachsenenlebens gerichtet. Im antiken Griechenland setzte sich Platon mit der erzieherischen Bedeutung des Spiels auseinander und gewann die Erkenntnis, dass Spielen ein Grundbedürfnis von Kindern ist. Er sah das kindliche Spiel als eine Notwendigkeit für die kindliche Entwicklung an und forderte, dass die Erziehung darauf Rücksicht nehmen solle.

Im Verlauf der Zeitgeschichte wurde dem Spiel – auch in seiner Bedeutung für die Erwachsenen – unterschiedliche Aufmerksamkeit gewidmet. Unter dem Einfluss gesellschaftlicher, kirchlicher und politischer Strömungen gestalteten Kinder zunehmend ihre eigene Spielwelt und die Pädagogik erkannte endgültig die Bedeutsamkeit des kindlichen Spiels für die kindliche Entwicklung an. Die wissenschaftliche Betrachtungsweise des Spiels nahm ihren Anfang bei den Arbeiten des Kindergartengründers Friedrich Fröbel (1782–1852), fand ihre Fortsetzung in der Spielpädagogik von Maria Montessori (1870–1952) und bezieht die Waldorfpädagogik von Rudolf Steiner (1862–1925) mit ein.

Verknüpft mit den Erkenntnissen aus der historischen Betrachtung des Spiels und dem heutigen Wissen um die kindliche Entwicklung lässt sich eindeutig die Feststellung treffen, dass das kindliche Spiel eine freie und lustbetonte Beschäftigung voller Spontaneität und Phantasie ist, auch wenn es unter dem Einfluss der jeweiligen Epoche und Kultur steht.

3   Bewegungsanregungen

3.1 Die Bedeutung der Bewegung für die kindliche Entwicklung

Kinder scheinen ständig in Bewegung zu sein und dabei auch nicht müde zu werden. Kinder laufen, springen, hüpfen den ganzen Tag und erholen sich aus Sicht der Erwachsenen relativ schnell wieder. Kinder führen oft scheinbar ziellose, für die Eltern manchmal nicht verständliche Bewegungshandlungen aus, die aber für die Kinder selbst von großer Bedeutung sind.

Das Rennen, Toben und Sich-Verausgaben ist ein wichtiger Bestandteil der kindlichen Entwicklung. Aktive Bewegung unterstützt das Wachstum der Kinder, regt das Herz-Kreislauf-System an, schafft Übungssituationen zum Aufbau der Koordinationsfähigkeit und dient der Verbesserung motorischer Anpassungsreaktionen. All diese motorischen Funktionen des kindlichen Körpers zeigen aber nur einen Aspekt der Bewegungsentwicklung. Bewegung bedeutet weitaus mehr.

Möchten wir den Begriff »Bewegung« verstehen, macht es Sinn, wenn er in Beziehung zu dem Begriff »Nicht-Bewegung« gesetzt wird. Denn wenn sich etwas bewegt, verändert es sich und wenn sich etwas nicht bewegt, bleibt es unverändert. So sagt erst der Zusammenhang von Bewegung und Nicht-Bewegung etwas über den eigentlichen Vorgang aus. Die Bewegung ist daran erkennbar, dass sich etwas in Beziehung zu seiner Umgebung verändert. Die körperlichen Bewegungen bedeuten, dass die einzelnen Körperteile bei jeder Bewegung ihre Beziehung zueinander und zu ihrer Umgebung verändern. Da alle Körperteile ein zusammenhängendes System bilden, wirkt sich jede Bewegung gleichsam verändernd auf den gesamten Körper aus. Dies zeigt sich nicht nur äußerlich in der sichtbaren Veränderung, sondern auch innerlich: Jede Bewegung hat spürbare innere Empfindungen zur Folge.

Da die kindliche Entwicklung als eine Reihe von untereinander verbundenen Änderungen verstanden wird, ist das Kind ständig gefordert, auf diese Veränderungen, die von außen oder innen auf es einwirken, zu reagieren. Diese Reaktionen werden in körperlichen Bewegungen sichtbar. Diese wiederum bewirken Veränderungen und haben entsprechende anpassende Reaktionen zur Folge. Damit stehen Bewegung und Veränderung in einer Beziehung zueinander und bedingen einander. Da Veränderung und Reaktion im Entwicklungsverständnis gleichsam Lernen bedeutet, bildet somit die Bewegung die Basis zum Lernen.

Die Bewegung ermöglicht dem Kind, sich selbst und seine Welt zu entdecken.
Es lernt über die Bewegung seinen eigenen Körper kennen und macht
Erfahrungen mit sich selbst und seinen Möglichkeiten. Das Kind lernt Arme,
Beine, Kopf usw. mit den passenden Begriffen zu belegen, erfährt was man
damit alles machen kann und beginnt, seine körperlichen Möglichkeiten ein-
zuschätzen. Durch immer wiederkehrende Bewegungserfahrungen bekommt
das Kind eine Vorstellung von seinem Körper, seinem Aussehen und damit
letztendlich auch von sich selbst.

**Durch seine Bewegung entdeckt das Kind seine räumliche und materielle Um-
welt.** Mit zunehmenden Alter beginnt es seinen Bewegungsradius zu erweitern. Erst krabbelnd, später laufend erkundet es seine Umwelt und erfährt den
Raum. Es lernt Hindernisse zu erkennen, beginnt sich aufzurichten und erhält
dadurch einen anderen Blickwinkel. Wenn ein Kind den Raum erobert, begegnen ihm all die Dinge, die sich in seiner näheren und weiteren Umgebung befinden. Diese wird es eingehend untersuchen, mit ihnen hantieren und Experi-
mente durchführen. Damit verhilft die Bewegung dem Kind zu immer neuen
Lernerfahrungen und es gewinnt Erlebnisse, Eindrücke und Erkenntnisse, die
seinen Erfahrungsschatz erweitern. Die vielseitigen Erfahrungen im Umgang
mit den Dingen seiner Umwelt haben zur Folge, dass sich bei dem Kind Einsichten über Gesetzmäßigkeiten und Zusammenhänge herausbilden. Was
durch die Bewegung erfahren und erlebt wurde, wird zuerst körperlich »begriffen« und »erfasst«, bevor es dann gedanklich geordnet, gewertet und gespeichert wird. So kommt das Kind über die Bewegung zum konkreten Tun und
erhält Erkenntnisse, die es letztendlich zum abstrakten Denken führen. Ein
Kind, das sich bewegt, hat immer einen Grund, warum es dies tut. Somit stellt
jede Bewegung die Basis von Handlungen dar und trägt entscheidend zur
Handlungsfähigkeit eines Kindes bei.

Zu Anfang seines Lebens ermöglicht die Bewegung dem Kind erste soziale
Kontakte. Ein Neugeborenes sendet mit Hilfe seiner Bewegungen Signale aus,
die von seinen Eltern aufgenommen und beantwortet werden. Besonders im
Kleinkindalter, wenn die Sprache noch nicht das vorherrschende Kommuni-
kationsmittel darstellt, dient die Bewegung der Aufnahme von Beziehungen.
Durch Nachahmen von Bewegungen oder durch Mitbewegen nehmen kleine
Kinder Kontakt zueinander auf. Immer sind Bewegung und Sprechenlernen
eng miteinander verbunden. Lautäußerungen eines Babys gehen immer mit
Bewegungen einher und kleine Kinder drücken durch Bewegung ihre
Mitteilungen und Gefühle aus. Fast jedes Kind reagiert mit Bewegungen auf
Musik. Der Rhythmus der Musik bestimmt dabei die Intensität der Anteilnahme
am Erleben. Rhythmisches Klatschen, Begleitung von Bewegungen durch
rhythmische Geräusche (wie »sch–sch-sch« oder »pssst-pssst- pssst«) und rhyth-

misches Sprechen (wie »hopp, hopp, galopp« oder »leise schleichen, leise schleichen«) sowie einfache musikalische Bewegungslieder fördern somit die Sprachentwicklung des Kindes.

Hat das Kind vielfältige Möglichkeiten, sich selbstständig zurechtzufinden und erschwerte Situationen zu meistern, gewinnt es durch die Zunahme von Erfahrungen Sicherheit, Selbstvertrauen und die stets von ihm angestrebte Selbstständigkeit. Diese Selbstständigkeit bedeutet für das Kind in seiner Auseinandersetzung mit sich selbst, mit den es umgebenden Personen und mit den Dingen seiner Umwelt den Erwerb vielfältiger Kompetenzen, die letztendlich zur Entfaltung seiner Persönlichkeit entscheidend beitragen.

Bewegung hat für den kindlichen Entwicklungsprozess in seiner Ganzheitlichkeit eine grundlegende Bedeutung. Daher sollten alle Eltern-Kind-Gruppen die kindliche Bewegungsentwicklung in den Mittelpunkt ihrer Überlegungen zur Auswahl von Angeboten und Aktivitäten stellen. Jede Spielgruppenstunde sollte den Bewegungsdrang der Kinder unterstützen und vielfältige Anregungen zur Bewegungsentfaltung enthalten. Dabei sind sowohl altersspezifische als auch entwicklungsunabhängige Angebote zu variieren. Viele universell einsetzbare Möglichkeiten können dem Entwicklungsstand der Kinder entsprechend immer wieder neu gestaltet angeboten werden.

3.2 Bewegungsanregungen für die Jüngsten
6 Monate bis 1 1/2 Jahre

Nachdem das Kind in den ersten Lebensmonaten gelernt hat, seine Körperhaltung gegen die Schwerkraft aufrecht zu halten, beginnt es in der zweiten Hälfte des ersten Lebensjahres sich fortzubewegen, um seine Umwelt zu erobern. Dabei durchläuft jedes Kind verschiedene Phasen der Fortbewegung.

In der Bauchlage beginnt das Kind sich um seine eigene Achse zu drehen. Es robbt vorwärts, indem es sich über einen Arm schiebt oder zieht. Wenn es gelernt hat, sich auf seine Hände und Knie zu stützen, kommt es in den Vierfüßlerstand und fängt an zu schaukeln. Dies ist ein wichtiger Entwicklungsschritt, da das Kind sein Gleichgewicht austestet und probiert, wie es weiter vorwärts kommen kann.

Durch intensives Üben gelingt es dem Kind bald, koordiniert auf Händen und Füßen zu krabbeln. Die kindliche Bewegungsentwicklung bis zum koordinierten Krabbeln ist weit vielfältiger als bisher angenommen. Beim Krabbeln führen Arme und Beine Überkreuzbewegungen aus, die von großer Bedeutung für die Vernetzung der linken und rechten Gehirnhälfte sind. Deshalb ist es wichtig, dass jedes Kind genügend Gelegenheiten zum Krabbeln bekommt.

Aus der Krabbelstellung heraus vermag das Kind durch Gleichgewichtsverlagerung und Abstützen mit den Armen über die Seite sich selbstständig hinzusetzen. Wenn das Kind auf einen Gegenstand zugekrabbelt ist, wird es sich kurz hinsetzen, um ihn eingehend zu untersuchen, bevor es sich wieder in Bewegung setzt. So wechseln sich aktive und ruhige Phasen beständig ab.

Sobald das Kind sicher krabbeln kann, wird es sein Interesse nicht mehr nur auf den Boden beschränken, sondern es will höher hinaus. Indem es ein Bein aufstellt und sich mit den Armen hochzieht, kommt es in den Stand. Das Kind wird überall nach Möglichkeiten suchen, um das Aufrichten und Stehen zu probieren.

Wenn das Kind viele Male das Aufstehen aus der Krabbelstellung geübt hat und sicher stehen kann, wird es nicht mehr lange dauern, bis es seine ersten Schritte wagt. Sind es anfänglich noch zögerliche Seitwärtsschritte an Möbeln entlang, wird das Kind bald schon mutiger sich festhaltend über Eck laufen, bis es freistehend die ersten zaghaften Schritte macht.

Durch stetes Wiederholen und Üben wird das Kind bald frei laufen können.

Kniereiter- und Schaukelspiele

Bewegungsspiele lieben bereits die allerkleinsten Kinder. Die ersten Schaukel- und Kniereiterspiele machen dem Kind viel Vergnügen und fördern zugleich seine gesamte Entwicklung. Zum einen wird sein **Gleichgewichtssinn** angeregt und es lernt, seine Bewegungen zu koordinieren. Durch die Bewegungen seines Körpers erfährt das Kind sich selbst und seine Grenzen. Der Hautkontakt zu seiner Bezugsperson ist für das kleine Kind von großer Bedeutung. Es spürt die Zuwendung, fühlt sich geborgen, gewinnt Vertrauen und hat Freude an der körperlichen Berührung. Darüber hinaus dienen diese Spiele auch der **sprachlichen Entwicklung** kleiner Kinder. Durch die einfachen Verse und Reime, die diese Spiele begleiten, lernt das Kind, dass ganz besondere Wortklänge mit bestimmten Dingen verbunden sind. Die Wortspielereien erregen das Interesse des Kindes am gesprochenen Wort und verfeinern seinen **Gehörsinn**. Die stetigen Wiederholungen von Reimen und den dazugehörigen Bewegungen lassen das Kind langsam Zusammenhänge begreifen. Es hat Freude an den gleichklingenden Versen und erfährt durch den sprachlichen Aufbau die steigende Spannung und Entspannung innerhalb des Spiels. Je nach Situation und Temperament des Kindes liebt das eine eher ruhige Schaukelspiele und das andere wilde Kniereiterspiele. Eltern sollten sich hierbei ganz nach den Vorlieben ihres Kindes richten. Je kleiner die Kinder, desto ruhiger und gemütlicher sollten die Bewegungen sein, je älter die Kinder sind, desto lebhafter darf es zugehen.

Die Eltern-Kind-Gruppen bieten die Möglichkeit, dass Eltern sich wieder der überlieferten Reime und Spiele erinnern oder sie neu mit ihrem Kind erleben. Eingebettet in den Ablauf einer Gruppenstunde werden Eltern und Kindern neben dem Freispiel diese Bewegungsspiele angeboten.

Je nach Alter und Temperament des Kindes reitet es auf dem Schoß der Mutter mal ruhiger und mal wilder:

Hopp, hopp, hopp, Pferdchen lauf Galopp! (siehe Seite 126)

Beim nächsten Spiel reitet das Kind auf den Knien seiner Eltern, schaut ihnen ins Gesicht und wird an den Händen festgehalten. Bei dem Wort »plumps« lassen die Eltern es zuerst langsam und später schneller nach hinten fallen:

Hoppe, hoppe, Reiter,
wenn er fällt, dann schreit er.
Fällt er in den Graben,
freuen sich die Raben.
Fällt er in den Sumpf,
dann macht der Reiter ... plumps!

Das Kind reitet auf dem Schoß der Eltern. Die Damen reiten sehr gemütlich, die Herren schon etwas schneller und der Bauer hoppelt und ruckelt beim Reiten:

So reiten die Damen, die Damen zu Pferde!
So reiten die Herren, die Herren zu Pferde!
Und so hoppelt der Bauer auf seinem Esel über das Feld!

Auf den Knien abwechselnd wird das Kind hin und her geschaukelt. Bei »Ia, ia« beugt sich die Mutter immer wieder ganz nah zum Kind hin. Vielleicht kitzelt sie es auch mit ihren Haaren:

Ein kleines graues Eselchen,
das wandert durch die Welt. (siehe Seite 125)

Das Kind sitzt im Schoß der Mutter oder auf ihren Knien und beide schaukeln gemütlich hin und her:

Kleiner Bär und großer Bär
schaukeln immer hin und her.
Hin und her, hin und her.

Mutter und Kind schaukeln auf dem Boden sitzend gemütlich hin und her, bis sie beide langsam zur Seite fallen (das Kind erst sanft, dann fester anpusten):

Das Schiff, es schaukelt hin und her, hin und her,
da kommt der Sturm, Sturm, Sturm –
und mein Schiff kippt um.

Variationen zu den oben genannten Bewegungsspielen:

- *Schaukeln und Schwingen in Mamas Armen*
  Wenn die Mutter nicht sitzt, sondern steht, ergibt sich eine andere Schaukelbewegung in luftiger Höhe für das Kind.
  (»En-ge-lein, En-ge-lein – fliiiieeeeg!«)
- *Schaukeln in Mamas Schoß*
  Das Kind liegt mit seinem Po im Schoß der Mutter und seine Beine liegen dabei am Oberkörper der Mutter. Beide schauen sich an. Die Mutter kann sich nun sanft auf und ab oder hin und her bewegen. Wenn sie abwechselnd einmal das rechte und dann das linke Bein beugt, entstehen seitliche Schaukelbewegungen.
- *Schaukeln auf Papas Fuß im Sitzen*
  Dazu schlägt der Vater auf einem Stuhl sitzend ein Bein über das andere und das Kind setzt sich auf seinen Fuß. Der Vater hält es an den Händen fest und wippt nun mit seinem Bein auf und ab.
- *Fahrstuhl spielen*
  Der Erwachsene sitzt auf einem Stuhl und das Kind stellt sich mit seinen kleinen Füßen auf die Füße des Erwachsenen. Der Erwachsene erfasst die Hände des Kindes und hebt es mit seinen Füßen in die Höhe. Dann sinkt er wieder hinab. So »saust« der Fahrstuhl auf und ab.
- *Schaukeln auf Papas Füßen im Stehen*
  Das Kind steht mit seinen kleinen Füßen auf Vaters großen Füßen und wird vom Vater an den Händen gehalten. Beide gehen nun gemeinsam Schritt für Schritt vorwärts oder wackeln hin und her.
- *Schaukeln auf dem Boden, gegenüber sitzend*
  Der Erwachsene setzt sich mit ausgebreiteten Beinen auf den Boden. Das Kind sitzt mit seinen Kinderbeinen dazwischen und beide halten sich an den Händen fest. Der Erwachsene lehnt sich nun etwas zurück und das Kind folgt der Bewegung, indem es sich nach vorne lehnt. So schaukeln beide abwechselnd vor und zurück:

Ri-ra-rutsch, wir fahren mit der Kutsch!
Mit der Kutsche fahren wir,
auf dem Esel reiten wir.
Ri-ra-rutsch, wir fahren mit der Kutsch!

Die Mutter fasst das Kind unter den Armen, hebt es in die Höhe und schaukelt es im Takt des Reimes erst langsam und dann immer schneller hin und her. Wenn das Kind schon stehen oder bereits laufen kann, nimmt die Mutter es an beide Hände und schaukelt mit ihm im Takt auf beiden Beinen hin und her, bis es zum Schluss sogar ein wenig geschüttelt wird:

Große Uhren machen tick-tack, tick-tack (siehe Seite 131).

Ist das Kind noch klein, nimmt die Mutter es in ihre Arme und wiegt es sanft hin und her. Kann das Kind schon auf seinen Beinen stehen, fasst die Mutter es an beiden Händen und schaukelt mit ihm hin und her:

Ich bin ein dicker Tanzbär und komme aus dem Wald (siehe Seite 130)

Krabbeln und Durchkriechen

Kleinen Kindern sollte viel Zeit und Raum zum Krabbeln zur Verfügung stehen. Diese wichtige Entwicklungszeit verhilft den Kindern zur **Raumorientierung** und bietet ihnen die Möglichkeit, nicht nur die Richtung, sondern auch das eigene Tempo zu variieren. Eine längere Kriechperiode mit vielen in verschiedenen Richtungen erprobten Orientierungserfahrungen begünstigt später das selbstständige Aufrichten. Erfindungsreiche Krabbelspiele sorgen für Abwechslung und Vergnügen mit unterschiedlichsten Lernerfahrungen.

● Kinder haben ein Vergnügen daran, fortzukrabbeln und sich fangen zu lassen. Eltern und Kinder krabbeln gemeinsam durch den Raum. Auf ein vereinbartes Signal hin versuchen die Erwachsenen ihr Kind zu erhaschen. Mit »Gleich hab ich dich!« und ähnlichen Ausrufen von den Erwachsenen begleitet, wird das Kind eiligst davonkrabbeln und sich nach einer Weile quietschend vor Vergnügen gerne fangen lassen. Die Spannung des Spiels wird mit Kuscheln und Schmusen aufgelöst, bis es wieder von Neuem beginnen kann.

● Viele Erwachsene legen sich im Raum verteilt auf den Boden und einige krabbeln mit den Kindern über diese »Hindernisse« hinweg oder um sie herum. Dabei sind die krabbelnden Eltern Vorbilder zur Nachahmung. Mit Vorliebe wird jedes Kind natürlich über seine Mama oder seinen Papa hinwegkrabbeln und auch eine Zeit zum Ausruhen dort verweilen.

● Die Mutter oder der Vater bildet eine Brücke auf dem Boden. Das Kind muss nun in verschiedenen Richtungen hindurchkriechen. Der Erwachsene verändert dann nach und nach die Höhe oder Breite der Brücke, sodass das Kind lernt, sich auf verschiedene räumliche Bedingungen einzustellen. Das Kind kann durch die breit aufgestellten Arme und Beine durchkriechen oder unter dem Bauch hindurchrobben. Es kann hoch aufgerichtet krabbeln oder muss sich ganz flach über den Boden schieben.

● Alle Erwachsenen stellen sich breitbeinig hintereinander auf und bilden eine lange Brücke, durch die die Kinder hindurchkriechen können.

Den Kindern bereitet es ein großes Vergnügen, verschiedenste Hindernisse zu überwinden. Sie lieben die Abwechslung beim Drunter- oder Drüberkrabbeln und beim Durchkriechen. Dabei müssen sie sich immer wieder aufs Neue mit dem eigenen Körper auseinander setzen und ihre **Bewegungsfähigkeiten** erproben. Das verlangt die Koordination von Bewegungsabläufen und das Ausbalancieren des Gleichgewichts.

In der Eltern-Kind-Gruppe können mit vielen Gegenständen Krabbelstrecken aufgebaut werden. Dem Entwicklungsstand der Kinder entsprechend werden Hindernisse unterschiedlichster Art im Gruppenraum verteilt. Eltern und Kinder ziehen Schuhe und Stümpfe aus und krabbeln und kriechen um die Gegenstände herum, über sie hinweg und unter ihnen hindurch.

Anregungen für eine Krabbelstrecke

❍ ein kleiner Tische mit einer darüber gehängten Decke
❍ mehrere Stühle hintereinander aufgestellt
❍ ein großer Karton ohne Boden
❍ ein zusammengerollter Teppich
❍ eine aufgeblasene Luftmatratze
❍ ein Bettbezug, gefüllt mit Luftballons, die nur leicht aufgeblasen sind
❍ ein Kopfkissenbezug mit Styropormaterial aus Verpackungen gefüllt (rundherum zugenäht, damit kein Füllmaterial entweichen kann)
❍ mehrere unterschiedlich hohe Kissen oder Matratzen als Treppe aufgebaut
❍ eine schiefe Ebene, bestehend aus einem großen Regalbrett, das mit einer Seite auf einer Matratze oder einem Karton liegt
❍ eine Brücke aus einem Regalbrett, welches auf zwei Stühlen liegt
❍ eine Bank aus einem Regalbrett, welches auf zwei niedrigen Kartons liegt
❍ ein Krabbeltunnel, bestehend aus mehreren großen Betttüchern, die über einen länglichen Tisch gelegt werden
❍ große Reifen aus Holz oder Plastik, die flach auf dem Boden liegen und in deren Kreis man hinein- und wieder herauskrabbeln kann
❍ große Reifen, die von Erwachsenen aufrecht gestellt und festgehalten werden.

Die Krabbellandschaft wird von den Kindern allein oder mit ihren Eltern gemeinsam erkundet. An den für die Kinder schwierigen Hindernissen sind die Erwachsenen aufgefordert, ihre Kinder gut zu beobachten und nur bei Gefahr Hilfestellung zu leisten. Kinder können ihre Fähigkeiten erproben, indem sie Höhen- und Tiefenunterschiede erleben, Entfernungen abschätzen und sich im Raum orientieren.

Klettern und Steigen

Wenn kleine Kinder gelernt haben, sicher zu krabbeln, sich hochzuziehen oder frei zu laufen, wenden sie sich dem nächsten Entwicklungsabschnitt zu: dem Klettern und Hochsteigen. Stufen, Treppen, Mauern oder die Bordsteinkante ziehen Kinder magisch an und fordern sie zu Klettertouren auf. Jedes Hindernis will überwunden werden, und nichts scheint ihnen dabei zu hoch oder zu schwierig. **Geschicklichkeit**, **Kraft**, **Mut und Ausdauer** entwickeln sich nur in der wiederholten Auseinandersetzung mit diesen Herausforderungen. Zunächst können die Erwachsenen sich selbst für die Kletterversuche ihrer Kinder anbieten:

● Mutter oder Vater liegen flach auf dem Boden und das Kind klettert auf ihren Rücken. Wenn das Kind etwas älter ist, gehen die Eltern in den Vierfüßlerstand und das Kind versucht nun, hoch auf ihren Rücken zu gelangen.

● Sitzt der Erwachsene auf einem Stuhl und streckt seine Beine lang aus, hat das Kind die Möglichkeit, darauf hochzusteigen. Braucht das Kind Unterstützung, bieten die Eltern ihre Hände zum Festhalten an.

● Bei älteren Kindern steht der Erwachsene mit leicht gegrätschten Beinen und gebeugten Knien. Er fasst das Kind an beiden Händen und dieses versucht, an seinem Körper hochzuklettern.

Anregungen für Kletterlandschaften

In der Eltern-Kind-Gruppe werden mit verschiedenen Gegenständen Kletterlandschaften arrangiert, die den Kindern in einem geschützten Raum vielfältige Bewegungserfahrungen ermöglichen:

○ Kartons unterschiedlicher Größe als Stufen aneinander gelegt
○ ein Kinderstuhl vor und einer hinter einen kleinen Tisch gestellt
○ Stühle unterschiedlicher Höhe aneinander gereiht
○ Kinderstühle umgedreht im Raum verteilt
○ eine kleine Haushalts- oder Trittleiter aufgebaut
○ ein Gitter von einem Kinderbett erst flach auf den Boden gelegt, später leicht ansteigend auf eine Matratze oder einen stabilen Karton gelegt
○ ein Bügelbrett auf zwei niedrige Stühle als Turnbank gelegt
○ ein Bügelbrett als schiefe Ebene aufgebaut zum Hochklettern, Rauf- und

Runterkrabbeln, unten aufsteigen, weiter oben aufsteigen, Hoch- und Runterlaufen, auf dem Bauch rutschen, daran entlanglaufen etc.

○ kleine Hocker oder Holzbänkchen hingestellt
○ Spielkisten verschiedener Größe in einer langen Reihe aufgestellt
○ Schaumstoffpolster oder -würfel im Raum verteilt oder als Klettergebilde mit unterschiedlichen Höhen und Stufen zusammengestellt.

Spielen mit Decken und Kissen

Wenn die Kinder sicher krabbeln können und mehr oder weniger gut laufen, bedeutet das Gleichgewichthalten noch eine große Anstrengung und wird pausenlos geübt. Aufstehen und Sich-fallen-Lassen sind in diesem Alter beliebte Spiele. Immer wieder ist das Aufstehen eine Herausforderung für das Kind. Dabei muss es die Empfindungen aus jedem Teil des Körpers integrieren. Das Spielen mit Decken und Kissen eignet sich besonders gut zum Ausprobieren und Sicherwerden in den unterschiedlichen Bewegungsformen, da sie Schutz beim Fallen bieten und dem Kind ein Gefühl von Sicherheit geben.

Die Eltern werden gebeten, für die nächsten Spielstunden eine Decke oder ein Betttuch und zwei bis drei Kissen mitzubringen.

Deckenspiele

● Das Kind liegt auf einer Decke und der Erwachsene krabbelt um es herum. Das kleine Kind wird angeregt, Vater oder Mutter mit den Augen zu folgen und dabei den Körper so weit wie möglich mitzudrehen. Das größere Kind wird mit den Eltern krabbeln - auf der Decke und über die Decke hinweg.

● Die Decke kann zu einer dicken Rolle gedreht werden, über die man krabbeln muss, auf der man sitzen kann, über die man an der Hand der Eltern balancieren kann, über die man rollen kann, auf der man stehen oder reiten kann.

● Die Decke kann eine Schlange werden, die, von den Erwachsenen gezogen, sich durch den Raum schlängelt. Das Kind versucht die Decke zu erhaschen.

● Man kann sich in die Decke einrollen lassen oder mit Mama oder Papa gemeinsam einrollen.

● Auf der Decke liegend oder sitzend, kann das Kind von seinen Eltern durch den Raum über den Boden gezogen werden.

● Vielleicht ist die Decke eine Eisenbahn und noch andere Kinder können hinzukommen, dann müssen mehrere Erwachsene als Lokomotive kräftig ziehen. Dabei schnaufen und prusten sie zum Vergnügen der Kinder wie eine alte Dampflok.

- Auf dem Bauch auf einer kleinen Decke liegend, können Eltern und Kinder über den Boden rutschen, in dem sie sich mit den Händen abstoßen.
- Eltern und Kinder können sich unter einer Decke verstecken. Laute Geräusche werden leise, aus der Helligkeit ins Dunkle und wieder zurück.
- Versteckte Kinder unter einer Decke können von den Erwachsenen mit »Guck-guck, wo bist du?« gesucht werden. Die Kinder lieben dieses Spiel, wenn sie selbst oder die Eltern verschwinden, um dann wieder aufzutauchen.

Besonders lieben es die Kinder, wenn sie in einer Decke geschaukelt werden. Mal fordern sie schwungvolles und schnelles Schaukeln heraus, mal genießen sie ruhige und sanfte Schaukelbewegungen. Die Schaukelbewegungen regen den Gleichgewichtssinn an, und in den Pausen, die immer zwischendurch eingehalten werden sollen, verarbeiten die Kinder die veränderte Wahrnehmung. Daher brauchen die Kinder den Wechsel von schwin- 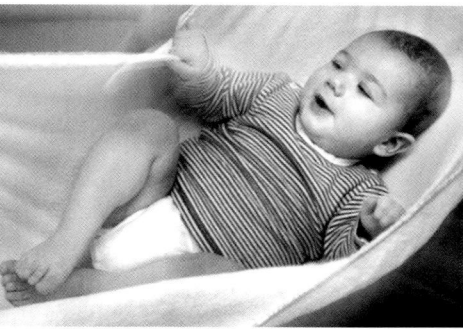 genden Bewegungen und Ausruhen. Die Schaukelspiele in der Decke können mit ein oder zwei Kindern gemeinsam durchgeführt werden.

Zur Begleitung der Schaukelbewegungen in der Decke eignen sich folgende kleine Verse:

- *Hin und her, hin und her,*
  das gefällt der/dem ... (Namen des Kindes) ... sehr.
- *Bim - bam - bim - bam ...*
- *Kleiner Bär und großer Bär*
  schaukeln immer hin und her.
  Hin und her, hin und her.

Zuerst wird das Kind in der Decke sanft hin und her gewiegt und zum Schluss weit nach außen geschaukelt:

- *Die Engelchen werden geschaukelt* (siehe Seite 124); bei der Wiederholung den Namen des Kindes einsetzen).

Kissenspiele

- Aus den vielen mitgebrachten Kissen wird ein großer Kissenberg gestapelt. Die Kinder können sich hineinwerfen, darüber krabbeln, sich darin einwühlen und verstecken, sich voller Wonne darin wälzen.

- Die Kinder können versuchen, aus den auseinandergefallenen Kissen einen Turm zu stapeln. Dieser wird dann mit Lust wieder umgestoßen und das Spiel kann von vorne beginnen.
- Auf ein dickes Kissen können sich die Kinder setzen oder legen.
- Mit einem großen Kissen können Eltern und Kinder sich zudecken und »schlafen« spielen.
- Aus den Kissen kann man etwas bauen, z. B. ein Haus oder eine lange Straße, eine große Fläche oder einen Weg mit kleinen Abständen dazwischen.
- Die Kissen können geworfen, gefangen, getragen oder an einem Zipfel über den Boden gezogen werden.
- Kleine Kissen lassen sich auf dem Kopf oder auf dem Rücken, auf den Händen oder Füßen balancieren. Wie viele Kissen kann man der Mama oder dem Papa auf den Bauch stapeln?
  Die Kissenlandschaft ist für die Kinder immer ein geeigneter Ort, um sich zurückzuziehen und alleine oder gemeinsam mit ihren Eltern auszuruhen.

Balancieren/Spielen mit Seilen

- Etwa zwei Meter lange Gymnastikseile liegen auf der Erde. Die Kinder versuchen zuerst an der Hand der Mutter darüber zu balancieren. Dann versuchen die Kinder es alleine.
- Über das am Boden liegende Seil kann gehüpft werden, seitlich daran entlanggetippelt oder breitbeinig links und rechts darüber gewackelt werden, ohne das Seil zu berühren.
- Die Mutter hebt das Seil an. Das Kind kann darüber klettern, steigen oder auch springen.
- Die Mutter zieht ein Seil schlängelnd hinter sich her, dabei versucht das Kind auf das Seil zu treten. Wenn das Kind das Spiel beherrscht, erschwert die Mutter die Bedingungen. Sie zieht das Seil ruckartig hin und her, zieht es rasch näher zu sich heran oder lässt es schnell im Kreise drehen. Wichtig ist dabei, dass die Kinder immer wieder die Möglichkeit haben, das Seil zu erwischen, damit der Spaß am Spiel erhalten bleibt.
- Alle Seile werden zusammengeknotet. Nun gibt es eine ganz lange Schlange, über die balanciert werden kann. Besonders die dicken Knoten müssen mit den Zehen ertastet werden.
- Das Seil wird von den Müttern gemeinsam höher oder tiefer gehalten und die Kinder müssen darunter herkrabbeln oder darüber steigen. Das Seil kann von den Müttern leicht hin und her geschwungen werden und die Kind versuchen, darüber zu laufen, ohne das Seil zu berühren.
- Das zusammengeknüpfte Seil wird zu einem großen Kreis gelegt, der zu verschiedenen Bewegungs- und Kreisspielen einlädt.

3.3 Bewegungsanregungen für die Kleinen
1 bis 2 1/2 Jahre

Das Kleinkind wird zusehends sicherer auf seinen beiden Beinen. Lief es anfangs noch breitbeinig und unsicher, werden seine Gehbewegungen nun selbstverständlicher und es probiert auch schon im Laufen wechselnde Richtungsänderungen aus. Das Kind vermag sein Tempo den räumlichen Gegebenheiten anzupassen. Es fängt an, schneller zu laufen, es rennt zunehmend gerne und genießt seine neue Bewegungsfreiheit.

Das Kleinkind entdeckt schon bald, dass es klettern kann, um an höher gelegene interessante Dinge heranzukommen. Es stellt sich auf Zehenspitzen, beginnt Stufen hinaufzukrabbeln und erklimmt Bänke und Stühle. Dabei wechselt es je nach Situation alle Bewegungsarten, die es mittlerweile beherrscht: krabbeln, sitzen, laufen, klettern, springen, hüpfen, rennen – das Kind ist aktiv und immer in Bewegung. Es übt sich darin, Hindernisse zu überwinden, vorwärts und seitwärts zu gehen, schnelle und langsame Gangarten auszuprobieren und das Rückwärtslaufen zu erlernen. Es experimentiert mit den unterschiedlichsten Bewegungsvarianten und entwickelt dabei unablässig die **Koordinationsfähigkeit**. Diese setzt sich aus den Komponenten Gleichgewichtsempfinden, Reaktionsfähigkeit und situative Anpassung zusammen. Koordination besitzen bedeutet geschickt sein, reaktionsbereit, im richtigen Augenblick das Richtige tun und sachgemäß handeln.[18]

Hüpfen und Springen

Kinder in diesem Alter finden zunehmend Vergnügen am Hüpfen und Springen. Sie experimentieren mit ihrem Gleichgewicht und den Gesetzmäßigkeiten der Schwerkraft. Daher nutzen Kleinkinder jede Gelegenheit, um sich aus dem Gleichgewicht zu bringen, sie purzeln, fallen und stehen wieder auf. Beim Hüpfen und Springen wird außerdem die Bein- und Bauchmuskulatur trainiert.

Eine Hüpfstraße wird gebaut, indem unterschiedliche Dinge hintereinander gelegt werden. Die Kinder haben die Möglichkeit, Erfahrungen von weichen und härteren, von federnden und nicht so nachgiebigen Untergrundmaterialien zu machen.

Anregungen für eine Hüpfstraße

- ⃝ auf einer Federkernmatratze hüpfen
- ⃝ auf einer unterschiedlich fest oder weich aufgepumpten Luftmatratze gehen und hopsen
- ⃝ auf Kissen springen und sich darin fallen lassen
- ⃝ von einem kleinen Stuhl auf eine Matte springen
- ⃝ von einem kleinen Stuhl auf einen Kindertisch klettern und dann auf eine Matratze springen
- ⃝ von einem Hocker in einen weichen Deckenberg purzeln.

Weitere Ideen für die Hüpfstraße können den Anregungen für die Kletterlandschaft (siehe Seite 43) entnommen werden.

Die Kinder werden auf der Matratze hopsen, sich absichtlich fallen und wieder elastisch hochtragen lassen, oder sie purzeln von einem Karton auf die weichen Kissen und wiederholen das Fallen und Aufstehen, bis sie sich ihrer selbst sicher sind. Zu Anfang der Springspiele werden die Eltern das Kind unterstützen, indem sie es beim Absprung unter den Armen halten. Später wird das Kind nur noch an der Hand festgehalten. Diese Unterstützung bieten die Eltern so lange an, bis das Kind sich sicher fühlt und alleine springen will.

Die Höhe des Absprungs wird nur allmählich gesteigert, denn das Kind wird erst langsam lernen, dass es mit beiden Beinen gleichzeitig abspringen und auch aufkommen muss. Dabei wird es auch lernen, beim Aufkommen auf dem Boden das Gleichgewicht zu halten.

Folgendes Bewegungslied ist geeignet, das Hüpfen und Springen der Kinder zu unterstützen und musikalisch zu begleiten.

> *Brüderlein, komm tanz mit mir,*
> *beide Hände reich ich dir.*
> *Einmal hin, einmal her,*
> *rundherum – das ist nicht schwer.*

Jedes Eltern-Kind-Paar fasst sich an den Händen und dreht sich im Kreis. Beim Hin und Her können Kinder und Eltern seitwärts hopsen, hüpfen, springen, mal bedächtig und mal sehr ausgelassen.

Reiterspiele

Die Reiterspiele stellen eine **intensive Form des Zusammenspiels** von Eltern und Kindern dar. Die Eltern lernen, sich auf die Bewegungen und Laute des Kindes einzustellen, und das Kind übt sein Gleichgewicht zu halten, die Wahrnehmung des sich verändernden Raumes und die Einstellung auf vorhersehbare Bewegungsabläufe. Wenn die Kinder auf den Erwachsenen reiten, kann das im Sitzen auf dem Schoß, im Stehen auf dem Bauch oder dem Rücken, im Liegen auf den Schienbeinen oder im Krabbeln auf dem Rücken der Eltern geschehen. Die Eltern setzen ihre Kinder auf die Schultern und laufen mit ihnen hin und her. Dabei müssen sie natürlich die Hände der Kinder festhalten, damit diese sich sicher fühlen. Die Eltern laufen langsam oder schnell, gehen vorwärts oder rückwärts, galoppieren oder hüpfen, beugen sich weiter nach vorne oder nach hinten.

Zu den Reiterspielen passt das Lied

Hopp, hopp, hopp, Pferdchen, lauf Galopp! (siehe Seite 126)

Sind die Kinder älter, können sie auf dem Rücken der Eltern sitzen, während diese über den Boden krabbeln. Zu Anfang sollte ein Erwachsener das Kind leicht festhalten, bevor es sich zutraut, alleine das Gleichgewicht auf dem Rücken des »Pferdes« zu halten. Erst krabbeln die Eltern ganz langsam und mit ruhigen Bewegungen, später dann immer schneller. Dabei kann das Pferdchen den Reiter auch schon einmal abwerfen, wenn eine Matratze oder ein dickes Kissen bereit liegt.

Wenn die Kinder sicher laufen, macht es ihnen großes Vergnügen, als Pferdchen an der Leine zu laufen. Dabei wird ein Seilchen um den Bauch des Kindes gelegt und die Mutter hält die Zügel in der Hand. Sie gibt die Kommandos für die Gangart des Pferdchens. Später wird gewechselt und das Kind bekommt die Zügel für sein Pferd. Dabei können bekannte Lieder gesungen oder auch passende Reiter- und Pferdelieder von der Kassette gespielt werden.

Rolle, rolle den Berg hinab

● Mutter und Kinder rollen seitlich durch den Raum. Jede Mutter hält ihr Kind fest und rollt mit ihm gemeinsam, indem einmal die Mutter vorsichtig über das Kind hinwegrollt und einmal das Kind oben auf der Mutter liegt. So rollen beide gemeinsam als dicke Kugel durch den Raum.

● Die Mutter rollt ihr Kind als dickes Paketchen durch den Raum. Dann versucht das Kind die Mutter wegzurollen, die dabei natürlich mithilft.

● Das Kind liegt auf einer kleinen Decke. Die Mutter wird durch einseitiges Anheben der Decke das Kind davon herunterrollen. Danach wird das Kind in die Decke eingerollt und huckepack über der Schulter getragen.

● Eine Matratze wird mit der kurzen Seite auf eine stabile Kiste oder Bank gelegt, sodass eine schiefe Ebene entsteht. Dort können die Kinder nun den kleinen Hügel hinabrollen. Links und rechts der Matratze liegen Matten, falls ein Kind einmal die Orientierung verliert.

Dieses Rollen macht den Kindern nicht nur riesigen Spaß, sondern sie trainieren dabei besonders die **Bauch- und Rückenmuskulatur** und schulen ihren **Gleichgewichts- und Orientierungssinn**.

Stundenmodell: *nach einer Idee von Angelika Nieder*

»Rund um den Ball«

Bälle üben auf Kinder jeden Alters eine große Anziehungskraft aus und motivieren sie immer wieder aufs Neue, sich zu bewegen. Die rollende, sich immer wieder anders darstellende Bewegung eines Balles lässt ein Kind fasziniert beobachten, hinterherkrabbeln oder -laufen und versuchen, den Ball zu erreichen und einzufangen. Je geschickter das Kind dabei in seinen Bewegungen wird, desto sicherer kann es dem rollenden Ball in verschiedene Richtungen folgen, bis es beginnt, den Ball selbst zu lenken. Der Ball kann geworfen oder aufgefangen werden, man kann mit ihm allein spielen, zu zweit oder in einer Gruppe.

Es gibt verschiedene Arten von Bällen. Sie unterscheiden sich nicht nur in der Farbe und der Größe, sondern auch in ihrer Beschaffenheit. Das Material des Balles hat einen Einfluss darauf, wie er rollt, hüpft oder kullert. Jeder Ball macht beim Auftippen ein anderes Geräusch und fliegt unterschiedlich weit durch die Luft. Die Bälle aus den verschiedenen Materialien fühlen sich nicht nur unterschiedlich an, sondern liegen auch jeweils anders in der Hand.

Das Reaktionsvermögen der Kinder wird durch die Ballspiele gefördert. Je nachdem wohin der Ball rollt, in welche Richtung und in welchem Tempo, verfolgt es die Bewegungen und reagiert entsprechend langsam oder schnell, sicher oder unsicher. Es lernt sowohl die Fremdbewegungen des Balles abzuschätzen und seine eigene Bewegungsaktion darauf einzustellen, als auch die Selbstbestimmung der eigenen Handlungsaktionen im Umgang mit dem Ball.

Ziele für die Kinder:

○ Anregungen zur grobmotorischen Bewegung durch die Bälle erhalten
○ Möglichkeiten zur Raumorientierung geben (Nähe und Ferne)
○ verschieden große Bälle kennen lernen
○ unterschiedliche Eigenschaften der Bälle wahrnehmen
○ die Feinmotorik/Handgeschicklichkeit fördern

○ Gleichgewichtssinn anregen
○ Auge-Hand-Koordination schulen
○ Wahrnehmung für Formen und Farben anregen
○ Körpergefühl und Tasterlebnisse ermöglichen
○ Kennen lernen des Körperschemas
○ alle Sinne ansprechen über den Körper und seine Bewegungen
○ das Erinnerungsvermögen durch Wiederholung schulen

Ziele für die Eltern:

○ Beobachtungsfähigkeit schulen
○ den Ball als ideales Spielzeug für Kinder erleben
○ Informationen zur Bewegungsentwicklung von Kleinkindern erhalten
○ Spielideen für zu Hause mitnehmen
○ sich im Spiel zurücknehmen können
○ dem Kind Spielpartner sein
○ akzeptierendes Verhalten gegenüber dem Kind als Grundhaltung in der Erziehung verstehen lernen
○ Eigeninitiative und Kreativität fördern

Ziele für das Eltern-Kind-Paar:

○ Spaß und Freude im gemeinsamen Tun erleben
○ sich aufeinander abstimmen
○ intensives Zusammenspiel durch körperliche Aktivität
○ Zeit zum Schmusen und Liebkosen haben
○ Zeit füreinander und Aufmerksamkeit für die Gruppe haben

Ziele für die Gruppe:

○ Förderung sozialer Kontakte
○ Gemeinschaftserleben durch die Beschäftigung aller mit demselben Spielzeug
○ Mitverantwortlichkeit und Eigenständigkeit fördern

Bei allen Anregungen und Angeboten zum Spielen mit dem Ball stehen die Kinder mit ihren Ideen und eigenen kreativen Bewegungsmöglichkeiten im Mittelpunkt. Stets wird das Spiel der Kinder aufgegriffen und sind die Eltern zum Beobachten und Beschreiben der einzelnen Spielsituationen angehalten. Die Kreativität der Kinder soll durch die Achtung ihrer Aktionen und durch das Anbieten der Eltern als sich anpassende Spielpartner gefördert werden. Dabei haben die Eltern die Chance, von ihren Kindern zu lernen und dadurch die eigene Phantasie anzuregen.

Freispiel

In der Eltern-Kind-Gruppe befinden sich immer mehrere Bälle. Um während der Gruppenstunden zum Thema »Rund um den Ball« jedoch eine große Anzahl und Auswahl für die Kinder zu haben, werden die Eltern gebeten, zu jedem Treffen so viele Bälle wie möglich von zu Hause mitzubringen.

Der Gruppenraum ist vorbereitet, wenn die ersten Eltern mit ihren Kindern kommen. Zum Thema »Rund um den Ball« hängen passend einige große Poster, Bilder oder Fotos mit Bällen und spielenden Kindern an den Wänden. Aus Bilderbüchern können Bälle fotokopiert und vergrößert werden.

Immer am selben Ort finden die Kinder eine Ecke mit Matratze und Kissen zum Kuscheln und Ausruhen. Dort liegen auch einige Bilderbücher bereit. Auf dem Bauteppich stehen eine Kiste mit bunten Bauklötzen und einem Holzlaster sowie einige Becher und kleine Kartons.

Weitere (wenige) ausgewählte Spielsachen und Materialien stehen in einem kleinen Regal, aus dem die Kinder sich selbstständig bedienen können. Jedes Kind hat nun die Möglichkeit, sich alleine zu beschäftigen, mit seiner Mutter/seinem Vater oder gemeinsam mit den anderen Kindern zu spielen. Die Eltern haben Zeit für kurze Gespräche, wenn ihre Kinder beschäftigt und sie nicht als Spiel- oder Ansprechpartner gefragt sind.

Nach dem Freispiel werden die Spielsachen gemeinsam fortgeräumt und alles aus dem Raum geschafft, was nicht mehr benötigt wird, um genügend Platz für die Aktionen mit den Bällen zu haben.

Während der Themengruppenstunden wird die Freispielphase etwas kürzer sein, damit genügend Zeit zum Spiel mit den Bällen bleibt.

Die Kinder können nach dem Aufräumen bei ihren Müttern eine Kleinigkeit essen oder trinken und ein wenig ausruhen.

Nach der gemeinsamen Spielaktion werden die Bälle in großen Kartons und Kisten verstaut und zum Abschluss der Gruppenstunde einige bekannte und beliebte Bewegungslieder gesungen. Mit dem Lied »Alle Leut'« (siehe Seite 124) wird die Gruppenstunde beendet.

Thema: »Große Bälle«

Material:
Plastikbälle unterschiedlicher Größen, Softbälle, leichte und schwere Bälle (Leder-, Stoffbälle), große Kartons, Eimer, Waschkorb, Tisch, Stuhl, Hocker

Spielaktion:
● Alle Bälle werden in die Kartons gelegt. Die Kinder dürfen nach Herzenslust die Bälle aus den Kartons werfen.

- *Die eigenen Spielideen und Bewegungsmöglichkeiten* der Kinder werden von den Eltern aufgegriffen – hinterherkrabbeln, hinterherlaufen, werfen – hoch und weit, fangen, kullern, rollen, in die Kartons ein – und ausräumen u.Ä.
- *Wer gewinnt:* Die Eltern räumen die Bälle in die Kartons und die Kinder versuchen diese schnell wieder auszuleeren.
- *Wir spielen Fußball:* Die Eltern zeigen den Kindern, wie sie die Bälle mit den Füßen treten können - den Kindern verlangt dies eine große Konzentration und Geschicklichkeit ab, denn sie müssen auf einem Bein fest stehen und mit dem anderen den Ball treffen.
- *Korbball:* Der Wäschekorb wird wie ein Tor auf die Seite gestellt und Kinder und Eltern versuchen die Bälle hineinzuwerfen, zu kullern oder zu schießen.
- *Es regnet Bälle:* Die Bälle werden in die Eimer gefüllt. Von einem kleinen Podest oder Tisch aus können die Kinder die Bälle aus den Eimern »regnen« lassen. Die Erwachsenen stellen sich hoch auf einen Stuhl und schütten von oben die Bälle auf die Kinder hinunter.
- *Bälle sortieren:* Die Eltern und Kinder versuchen gemeinsam, die Bälle nach Farben, Material und Größe zu sortieren. Dafür bieten sich die einzelnen Raumecken oder die unterschiedlichen Behälter an.

Thema: »Kleine Bälle«

Material:
Kleine Plastikbälle, Tennisbälle, Tischtennisbälle, Massagebälle/Igelbälle, Gummibälle, Stoffbälle, Schuhkartons, kleine Eimer und Körbe, Tragetaschen, Eierkartons, Matten

Spielaktion:
- Alle mitgebrachten kleinen Bälle werden in die Mitte des Raumes gelegt.
- *Die eigenen Spielideen und Bewegungsmöglichkeiten der Kinder* werden von den Eltern aufgegriffen: hinterherkrabbeln, hinterherlaufen, werfen (hoch und weit), fangen, kullern, rollen u.Ä.
- Die Bälle werden nach ihrer jeweiligen Art gesondert in den Behältnissen sortiert.
- Die Tischtennisbälle können in die Mulden der Eierkartons gelegt werden.
- Die Tennisbälle werden in Tragetaschen, Körbe und Eimer gefüllt und hin und her getragen und in größere Behälter umgefüllt.
- Die Gummibälle hüpfen hoch und weit und lassen sich nur schwer fangen.
- Die Stoffbälle lassen sich knautschen oder knuddeln.
- *Massagespiele:* Jedes Eltern-Kind-Paar erhält zwei Tennisbälle oder Igelbälle, die anderen Bälle werden weggeräumt, damit sie die Kinder nicht ablenken.

Die Bälle können mit den Füßen gerollt werden. Die Eltern massieren ihre Kinder, die auf einer Matte liegen, mit den Bällen. Die Kinder massieren ihre Eltern und erhalten dabei Anregungen durch einen Erwachsenen. Alle rollen die Bälle allein über ihren Körper.

Thema: »Wasserbälle/Gymnastikbälle«

Material:
Wasserbälle zum Aufblasen in unterschiedlicher Größe, dicke Wollfäden oder Kordel, Betttuch, große und kleine Gymnastikbälle (aus der Turnhalle oder von privat)

Spielaktion:
- Die Wasserbälle werden aufgeblasen und in die Mitte des Raumes gelegt.
- *Die eigenen Spielideen und Bewegungsmöglichkeiten der Kinder* werden von den Eltern aufgegriffen: hinterherkrabbeln, hinterherlaufen, werfen (hoch und weit), fangen, kullern, rollen u. Ä.
- Sitzparade: Die Kinder versuchen sich auf die Wasserbälle zu setzen und ihr Gleichgewicht auszubalancieren.
- *Bälle boxen:* Die Eltern spannen das Betttuch auf und alle Wasserbälle werden hineingelegt. Anschließend heben die Eltern das Tuch gerade so hoch, dass die Kinder von unten dagegen boxen können. Sie versuchen die Wasserbälle vom Tuch herunter zu schubsen.
- Aus den Wasserbällen wird die Hälfte der Luft herausgelassen - nun können die Kinder sie besser anfassen, knautschen und knuddeln.
- An die dick aufgeblasenen Wasserbälle wird jeweils etwa ein 1,50 m langer Wollfaden oder eine Kordel gebunden. Die Kinder können nun den Ball vor sich herschleudern oder hinter sich herziehen, ihn wild hin und her pendeln lassen oder durch die Luft werfen.
- *Ballkicken:* Die Eltern halten den Wasserball an der Kordel hoch und die Kinder versuchen mit den Füßen dagegen zu treten oder mit den Händen dagegen zu boxen.
- Nun werden die großen Gymnastikbälle hereingeholt. Die Kinder werden diese rollen, vor sich herschubsen, tragen u. Ä.
- *Schaukeln und rollen:* Die Kinder legen sich auf die größeren Wasserbälle oder auf die Gymnastikbälle und werden von den Eltern geschaukelt. Begleitend kann dazu folgender Vers gesprochen werden:

> *Ich rolle, rolle, rolle - mein Kind auf einem bunten Balle.*
> *Hin und her, hin und her,*
> *das fällt der/dem* ...(Name des Kindes)... *gar nicht schwer.*

- Vater oder Mutter setzen sich auf den großen Gymnastikball und das Kind sitzt auf ihrem Schoß - beide rollen und schaukeln nun gemütlich hin und her oder hopsen lustig auf und ab.

Thema: »Alle Bälle zusammen«

Material:
Unterschiedlichste Bälle aus den vorherigen Gruppenstunden, Kartons, Eimer, Waschkörbe, Eierkartons, Schachteln, Planschbecken, Holzbrett oder Regalboden

Spielaktion:
- Die Bälle werden, sortiert in den Behältnissen nach ihrer Art, in die Ecken des Raumes gestellt.
- *Die eigenen Spielideen und Bewegungsmöglichkeiten der Kinder* werden von den Eltern aufgegriffen – hinterherkrabbeln, hinterherlaufen, werfen (hoch und weit), fangen, kullern, rollen, sortieren, tragen u. Ä. – die Kinder können auf die Erfahrungen der letzten Stunden zurückgreifen.
- *Sortiment:* Alle Bälle werden gut sichtbar in zwei Waschkörben in die Mitte des Raumes gestellt. In den Ecken stehen die dazugehörigen Behältnisse. Die Kinder sortieren nun mit Hilfe der Erwachsenen die Bälle in die jeweils richtigen Ecken. Die Eltern können bei diesem Spiel zuerst Vorbild sein und dann fragend das Spiel lenken: »Wohin gehört dieser Ball?«
- *Bällchenbad:* Ein Planschbecken wird aufgeblasen und mit allen Bällen gefüllt. Die Kinder können nun nach Herzenslust in den Bällen »baden«, sie können sich wälzen, rollen, verstecken, zudecken, sie können auf den Bällen liegen, darüber krabbeln, sie aus dem Planschbecken werfen oder wieder hineinfüllen und vieles andere mehr.
- *Rutschbahn:* Ein breites Holz- oder Regalbrett, auf einem Karton oder Stuhl liegend, wird zur schiefen Ebene. Die Kinder können nun mit Hilfe der Eltern in das Bällchenbad hineinrutschen.
- *Kullerbahn:* Auf demselben Brett lassen die Kinder die Bälle in das Planschbecken kullern.

Thema: »Ballspiele«

Material:
Bälle aller Art, Zeitungen, Holz- oder Plastikreifen, Krabbeltunnel

 **Spielaktion:**

- Jedes Eltern-Kind-Paar erhält einen großen Plastikball.
- *Die eigenen Spielideen und Bewegungsmöglichkeiten der Kinder* werden von den Eltern aufgegriffen. Die Kinder können die Spielideen der letzten Gruppenstunden aufgreifen und variieren.
- *Paarspiele:* Mutter oder Vater und Kind sitzen sich im Grätschsitz gegenüber und ihre Füße berühren sich. Sie rollen sich den Ball gegenseitig zu. Mit der Zeit rücken sie langsam auseinander und vergrößern die Entfernung. Die Bälle werden durch die gegrätschten Beine der Eltern gekullert und auch die Eltern rollen den Ball durch die Beine der Kinder. Eltern und Kind liegen sich auf dem Bauch gegenüber und rollen sich aus dieser Lage den Ball mit steigender Entfernung zu.
- *Reifenspiele:* Jedes Eltern-Kind-Paar erhält einen Reifen. Liegt der Reifen flach auf dem Boden, kann der Ball nun im Reifen liegen, hineingeworfen werden oder auf dem Rand des Reifens gerollt werden. Auch den Ball tragen und auf dem Reifen balancieren ist möglich. Wenn die Eltern den Reifen senkrecht in der Luft halten, können die Kinder versuchen, den Ball hindurchzuwerfen, halten sie ihn dagegen waagerecht, kann der Ball hineingeworfen oder von unten hinausgeworfen werden.
- *Krabbelspiele:* Der Krabbeltunnel bietet den Kindern viele Variationen im Spiel mit dem Ball. Die Bälle können dort durchgerollt, mit dem Kopf oder den Händen durchgeschubst oder geworfen werden. Alle Bälle können zusammen im Krabbeltunnel gesammelt werden. Die Eltern können durch Anheben des Tunnels alle Bälle wieder hinauskullern lassen.
- *Zeitungsspiele:* Zeitungen werden zusammengeknüllt und zu Bällen geformt. Diese Bälle fliegen ganz anders durch die Luft als die anderen und bleiben schneller liegen. Die Zeitungsbälle eignen sich hervorragend für eine Ballschlacht. Liegen alle versammelt in einem Karton oder Wäschekorb, lässt es sich herrlich darin wühlen. Zwischen den Zeitungsbällen versteckt liegen kleine Tischtennisbälle und müssen gefunden werden.

Abschluss:

Um den Kindern das Ende der Gruppenstunde anzuzeigen und ihnen die Trennung von den geliebten Bällen zu erleichtern, singen Eltern und Kinder während des Aufräumens nach der Melodie »Alle Leut'« (siehe Seite 124):

Jeder Ball, jeder Ball geht jetzt nach Haus.
Große Bälle, kleine Bälle, dicke Bälle, dünne Bälle.
Jeder Ball, jeder Ball, geht jetzt nach Haus.
Sagt uns auf Wiedersehn, denn es war wunderschön.
Jeder Ball, jeder Ball geht jetzt nach Haus.

3.4 Bewegungsanregungen für die Großen
2 bis 3 1/2 Jahre

Nachdem das Kind die aufrechte Haltung und das Gehen mühelos beherrscht, wendet es nunmehr seine ganze Energie auf die Vervollkommnung weiterer Bewegungsfähigkeiten auf.

Das Kind muss klettern, rennen, springen, schaukeln, ziehen, schieben und herumtollen. Nur wenn es den Körper bis zur Grenze der Leistungsfähigkeit beansprucht, wird es lernen, ihn zu beherrschen. Je mehr Übung es in diesem Alter hat, desto wendiger und sicherer wird es später sein. Gleichzeitig dient das Herumtoben dem Stressabbau des Kindes: Im körperlichen Spiel erholt es sich von den jeden Tag auf es einströmenden Anforderungen zur Bewältigung von Entwicklungsaufgaben.

Das Kind geht auf Zehenspitzen, es probiert auf einem Bein zu stehen. Es rennt immer schneller und versucht dabei scharfe Kurven zu nehmen. Jedes kleine Mäuerchen wird zum Balancieren genutzt, jede Stufe lädt zum Hüpfen und Springen ein. Auch das Klettern gehört weiterhin zu den Lieblingsbeschäftigungen des Kindes. Es versucht seine Geschicklichkeit beim Treppensteigen und Dreiradfahren zu verbessern. Seine Bewegungen werden gezielter und passen sich der jeweiligen Situation an.

Der Spielplatz mit seinen verschiedenen Spielgeräten wird bald zum Lieblingsplatz der Kinder werden. Das Klettergerüst lädt zu mannigfaltigen Bewegungen ein, die Rutsche bietet sowohl Möglichkeiten zum Hinaufklettern einer Leiter als auch zum Hinabrutschen in die Tiefe und in Mamas sichere Arme. Die Schaukel entspricht dem Sinn des Kindes für Rhythmus und vermittelt ihm eine Menge über Schwerkraft, Gewicht und Balance.

55

nach einer Idee von Kerstin Schönleber, Duisburg
(Eltern-Kind-Gruppe einer katholischen Familienbildungsstätte)

»Spiel und Spaß mit Luftballons«

Eltern und Kinder sollen das »Material« Luftballons entdecken, kennen lernen und gemeinsam in Bewegung kommen. Spielen, Toben, Ausprobieren, Abschalten und Entspannen mit dem Luftballon stehen im Mittelpunkt der geplanten Spielgruppenstunden.

Ziele für die Kinder:

○ Die Kinder lernen durch die immer gleichbleibende Abfolge der Kursstunden eine Regelmäßigkeit kennen. Sie können sich auf die Abfolge einstellen und werden dadurch sicherer und selbstbewusster, wenn sie auf die Frage der Gruppenleiterin »Und was kommt jetzt?« stolz das nächste Angebot nennen können. Ebenso wissen die Kinder, welche Aktionen von ihnen alleine oder mit den Müttern gemeinsam stattfinden.

Ziele für die Eltern:

○ Die Eltern haben in den Zeiten des »freien Spiels« der Kinder genügend Möglichkeiten sich auszutauschen. Ziel der Gruppenleiterin ist es, den Müttern zu vermitteln, bei bestimmten Aktionen die Kinder selbstständig gewähren zu lassen, nicht einzuschreiten, zu helfen oder die Kinder einfach nur an sich zu klammern.

Ziele für das Eltern-Kind-Paar:

○ Das Eltern-Kind-Paar soll lernen, sich aufeinander einzustellen, um Hilfestellungen zu geben und auch anzunehmen. Die Mutter/der Vater muss Begleiter/in und das Kind alleiniger Akteur werden.

Ziele für die Spielgruppe:

○ Die Gruppe muss sich aufeinander einstellen und in den Gruppenstunden eine Einheit bilden. Jeder muss seine Bedürfnisse den Bedürfnissen der Gruppe anpassen und zum Gelingen der Stunde beitragen. Ohne die Mitwirkung der Gruppe kann keine angenehme Kursatmosphäre entstehen.

Ablauf:

● Die Kursstunden von jeweils 90 Minuten sind nach einem relativ festen Zeitplan vorbereitet. Die erste halbe Stunde spielen die Kinder im freien Spiel, dafür stehen verschiedene Spielzeuge sowie ausgewählte Angebote wie Knete, Puzzles oder Kataloge zum Ausschneiden bereit.

● Nachdem alle gemeinsam die Spielsachen fortgeräumt haben, wird das bekannte Begrüßungslied gesungen:

> *Guten Morgen, guten Morgen, wir winken/klatschen/stampfen uns zu.*
> *Guten Morgen, guten Morgen, erst ich und dann du.*
> *Der Felix ist da, die ... (Aufzählung aller Kinder aus der Gruppe)*
> *Guten Morgen, guten Morgen, wir winken/klatschen/stampfen uns zu.*
> *Guten Morgen, guten Morgen, erst ich und dann du.*

Danach wird ein bekanntes Lied von den Kindern ausgesucht und die ganze Gruppe singt und spielt es gemeinsam.

● Nach diesem kleinen Singkreis setzen sich Mütter und Kinder zu einem morgendlichen Imbiss an die Kindertische. Während die Kinder essen und trinken, wird die anschließende Aktion für den Morgen von der Gruppenleiterin vorgestellt. Nach ca. 10 bis 15 Minuten wird die Frühstückspause beendet. Die nächsten 30 Minuten sind für die gemeinsame Aktion eingeplant, und es besteht genügend Zeit, um etwas Neues auszuprobieren.

● Zum Abschluss findet noch einmal ein Singkreis statt. Mit dem immer gleichen Abschlusslied (»Alle Leut'«, siehe Seite 124) endet die Gruppenstunde und Mütter und Kinder verabschieden sich.

Thema: Einführung in »Spiel und Spaß mit Luftballons«

Freies Spiel (ca. 20 Minuten)
Material: wie gewohnt mit den vorhandenen Spielmaterialien.
Zusätzliches Angebot am Maltisch: Ausmalen eines auf Papier vorgezeichneten Luftballons mit Wachsmalstiften oder Wachsmalern.

Begrüßung (ca. 10 Minuten)
Begrüßungslied »Guten Morgen ...« und ein Lied nach Wahl durch die Kinder

Herantasten an das Material »Luftballon«
»Wir sind ein Luftballon« (wird 4-mal durchgespielt)
Zu Beginn wollen wir erst einmal lernen, wie man einen Luftballon aufbläst: Wir fassen uns im ganz engen Kreis an den Händen und stellen uns vor, ein unaufgeblasener, schlaffer Luftballon zu sein. Jetzt pusten wir gemeinsam in den Kreis hinein, und was passiert? Der Luftballonwird (durch einige Schritte rückwärts) etwas größer. Je mehr wir pusten, umso mehr füllt sich der Ballon.

Manchmal passiert es, dass etwas Luft entweicht, logisch, dass der Ballon wieder kleiner wird (durch einige Schritte vorwärts in die Mitte).

Schließlich sind aber alle Hände ganz fest gespannt, der Ballon ist riesengroß, und wenn wir jetzt noch einmal pusten ..., dann platzt der Ballon und alle fallen um.

»Du bist ein Luftballon« (wird 4-mal durchgespielt)

Die Gruppenleiterin macht die Aktion vor und Eltern und Kinder machen sie nach – die Aktionen werden angesagt: Alle knien klein auf dem Boden, der schlaffe Luftballon wird hochgehoben und ein wenig aufgeblasen, sodass er größer wird. Genauso ergeht es den Müttern und Kindern, sie richten sich langsam kniend auf. Wird der Luftballon weiter aufgeblasen, wird er etwas dicker und alle richten sich zum Stand auf. Wenn aber etwas Luft herausgelassen wird, so fallen nicht nur die Luftballons in sich zusammen, sondern auch die Mütter und Kinder gehen wieder in die Hocke. Ist der Ballon ganz dick geworden, lässt man ihn los und er zischt und flattert umher, bis er auf dem Boden liegt. Kinder und Mütter laufen ebenso wild durcheinander, bis sie zu Boden sinken.

Zum Schluss werden die aufgeblasenen Luftballons verknotet und Mütter und Kinder können mit den Ballons nach Herzenslust spielen.

»Kuddelmuddel«

In die Mitte des Raumes werden alle aufgeblasenen Ballons gelegt, darüber eine große Decke oder ein Bettlaken. Alle setzen sich an den Rand der Decke, halten sie fest und versuchen mit ihren Füßen unter der Decke die Ballons zu ertasten und sie hin und her zu schubsen. Vielleicht werden wir ja auch in Kontakt mit anderen Füßen kommen.

Zwischenmahlzeit (ca. 15 Minuten)

Ankündigung, dass die nächsten Gruppenstunden unter dem Thema »Spiel und Spaß mit Luftballons« stehen werden.

Singkreis (ca. 15 Minuten)

Singkreis mit bekannten Liedern. In der Regel sind es immer fünf Lieder, die über eine längere Zeit gesungen und gespielt werden. Danach wird ein neues Lied eingeführt und dafür ein altes weggelassen.

Abschlusslied »Alle Leut'« (ca. 5 Minuten), (siehe Seite 124)

Thema: »Spielen und Bewegen mit Luftballons«

Freies Spiel (ca. 20 Minuten)
Material: wie gewohnt mit den vorhandenen Spielmaterialien. Zusätzliches Angebot von verschieden groß aufgeblasenen Luftballons, mit denen die Kinder frei spielen dürfen.

Begrüßung (ca. 5 Minuten)
Begrüßungslied »Guten Morgen ...« und ein Lied nach Wahl durch die Kinder

Fingerspiel »Luftballons« (ca. 10 Minuten), (4-mal durchspielen)

Mein roter, mein grüner, mein gelber Luftballon	Mit den Armen große Kreise ziehen
steigt langsam in die Höh.	Zappelfinger in die Höhe zappeln
Gleich fliegt er mir davon.	Zappelfinger kreisförmig auseinander zappeln
Doch an der Schnur, der langen, hol ich ihn mir zurück.	An der «imaginären» Schnur ziehen
Gleich hab ich ihn gefangen,	Arme zusammenschlagen
da hab ich wirklich Glück	Ganz doll strahlen und juchzen

Gemeinsames Aufräumen des Gruppenraumes und Zwischenmahlzeit (ca. 15 Minuten)

Bewegungsaktionen für Mütter und Kinder (ca. 35 Minuten)

● *»Tamburin«*
Die Kinder können während der gewohnten Aufwärmminuten nach dem Rhythmus des Tamburins laufen und rennen. Je nach Taktschlägen auf dem Tamburin machen die Kinder große oder kleine Schritte, laufen langsam oder schneller, rennen oder schleichen.

● **»Mit den Luftballons spielen«**
- Ballon mit verschiedenen Körperteilen in der Luft halten (Arm, Hände, Knie, Fuß, Kopf)
- Ballon zuwerfen und auffangen
- Ballon mit dem Kopf über den Boden schubsen
- Ballon zwischen die Beine einklemmen und damit laufen oder hüpfen
- Mutter und Kind transportieren einen Ballon
- Ohne die Hände zu benutzen, vorsichtig auf den Ballon legen oder setzen, ohne dass er platzt
- Ballon ganz fest und weit wegboxen
- Ballons einsammeln und in einen Bettbezug stopfen; (Bettbezug wird von den Müttern über den Kindern ausgeleert)

● **»Ampelspiel«**
Die Gruppenleiterin hat einen roten und einen grünen Luftballon. Die Kinder und Mütter laufen wild durcheinander, ohne sich anzustoßen, und müssen darauf achten, welcher Ballon gezeigt wird. (Grün = gehen / Rot = stehen.)

● **»Ein Himmel voller Luftballons«**
Entspannung für die Kinder. Alle Luftballons werden auf eine Tapezierfolie gelegt. Die Kinder legen sich auf den Boden und die Mütter bewegen die Folie mit den Ballons über den Kindern hin und her.

 Abschlusslied »Alle Leut'« (ca. 5 Minuten), (siehe Seite 124)

Thema: »Turnen und Toben mit Luftballons«

 Freies Spiel (ca. 20 Minuten)
Material: wie gewohnt mit den vorhandenen Spielmaterialien. Zusätzliches Angebot von verschieden groß aufgeblasenen Luftballons, mit denen die Kinder frei spielen dürfen.

 Begrüßung (ca. 5 Minuten)
Begrüßungslied »Guten Morgen ...« und ein Lied nach Wahl durch die Kinder

 Fingerspiel »Luftballons« (ca. 5 Minuten), (2-mal durchspielen)

Gemeinsames Aufräumen des Gruppenraumes und Zwischenmahlzeit (ca. 15 Minuten)

Bewegungsaktionen für Mütter und Kinder (ca. 40 Minuten)

- Die Kinder rennen lassen mit den gewohnten Aufwärmminuten mit dem Tamburin
- Singen des Liedes »BINGO« (siehe Seite 125)

»Ballontanz« (wird mit leiser Kindermusik untermalt)

- Zuerst tanzt jeder für sich mit einem Ballon, dicht an den Bauch gepresst,
- dann zu zweit - Mutter und Kind, den Ballon zwischen den Bäuchen eingeklemmt.
- Alle tanzen hintereinander in einer Reihe, zwischen jeder Mutter und jedem Kind wird ein Ballon eingeklemmt und dann wird versucht, sich vorwärts zu bewegen.
  - Mutter und Kind tanzen mit den Popos aneinander, dabei jedoch einen Ballon einklemmen.
  - Ballon zwischen den Knien
  - Ballon unter den Armen usw.

»Es stürmt und tobt«

Die Kinder können ihre ganze Kraft einsetzen, ohne sich weh zu tun. Aufgeblasene Ballons werden in Kissenbezüge gesteckt, andere fliegen lose im Raum herum. Nun geht das Unwetter los, dass es nur so kracht! Mütter und Kinder bewerfen sich gegenseitig mit den gefüllten Kissen und Ballons. Die Kinder können sich anschließend, wenn das Unwetter nachlässt, auf den gefüllten Kissenbezügen ausruhen.

»Der Fuchs geht um«

Jedes Kind stellt einen Hahn mit einem schönen Schwanz dar. Der Schwanz besteht aus einem an einer Kordel befestigten Luftballon und wird hinten in die jeweilige Kinderhose gesteckt. Eine Mutter oder ein Kind darf der Fuchs sein und muss versuchen, die Schwänze zu fangen.

»Knallerbsen«

Jedes Kind bekommt gleich viele aufgeblasene Luftballons und darf sie zum Platzen bringen, indem es sich draufsetzt oder drauftritt.

 Abschlusslied »Alle Leut'« (ca. 5 Minuten), (siehe Seite 124)

Thema:»Atmung und Entspannung mit Luftballons«

Freies Spiel (ca. 20 Minuten)
Material: wie gewohnt mit den vorhandenen Spielmaterialien. Zusätzliches Angebot von aufgeblasenen Luftballons, die in einem Betttuch oder Bettbezug stecken

Begrüßung (ca. 10 Minuten)
● Begrüßungslied »Guten Morgen ...« und ein Lied nach Wahl durch die
   Kinder
● Fingerspiel »Luftballons« (ca. 2-mal durchspielen)

**Gemeinsames Aufräumen des Gruppenraumes und
Zwischenmahlzeit (ca. 15 Minuten)**

Atmung und Entspannung mit Luftballons (ca. 40 Minuten)

»Ich blase meinen Ballon auf«
● Die Mütter blasen den Ballon auf, die Kinder übernehmen ihn und lassen
   ihn einfach los.
● Die Kinder schauen den entschwirrenden Ballons hinterher, bevor sie sie
   zurückholen.
● Die Kinder laufen sofort ihren Ballons hinterher, ohne sie zu fangen.
● Die Kinder versuchen so schnell wie möglich ihren Ballon zu fangen.

»Ballonpusten«
In der Mitte des Raumes wird mit Hilfe eines Kreppbandes ein Kreis markiert.
Dort wird der Ballon in die Mitte gelegt. Alle Kinder und Mütter verteilen sich
um den Luftballon im Kreis. Dann versuchen alle durch kräftiges Pusten den
Ballon aus dem Kreis zu befördern.

»Zauber-Atem«
Jedes Kind sucht sich an der Hand der Mutter einen Platz im Raum.
Nun beginnt die Gruppenleiterin zu erzählen:
»Stellt euch einmal vor, dass ihr einen Zauber-Atem habt ... Mit diesem wunderbaren Zauber-Atem könnt ihr andere Kinder verzaubern ... Und zwar in
kunterbunte Luftballons, die sich im Kreise drehen und umhertanzen ... Aber
Ballons bewegen sich sacht und leise ... Nun haben die Ballons genug getanzt
und wir gehen weiter als Kinder durch den Raum ... Jeder von euch hat den
Zauber-Atem und jeder kann sich auch selber verzaubern ... Geht also langsam und leise durch den Raum ... Bitte stoßt nicht aneinander ... Wenn ihr auf

jemanden trefft, könnt ihr ihn verzaubern, indem ihr tief Luft holt und diese dem anderen entgegenhaucht ... Ganz vorsichtig ... Denn ein Zauber-Atem ist ganz behutsam ... Wer verzaubert wird, darf sich drehen und fliegen wie ein Luftballon ... Aber Vorsicht, berührt niemanden!«

»Mein allerschönster Luftballon«
Phantasiereise, eignet sich als Entspannungsübung

Die Kinder legen sich mit ihren Müttern - möglichst auf Matten oder Decken - in den Raum, versuchen die Augen zu schließen und hören den Erzählungen der Gruppenleiterin zu:

»Stell dir vor, dass du in deinen Händen einen wunderschönen Luftballon hältst ... Einen solch schönen Luftballon hast du nie zuvor gesehen ... Schau ihn dir genau an ... Welche Farbe hat er? ... Oder ist dein Ballon vielleicht ganz bunt? ... Kannst du ein Muster auf ihm erkennen? ... Betrachte einmal seine Form ... Nun wirf deinen Luftballon in die Luft ... Beobachte, wie dein Ballon zum blauen Himmel emporsteigt und in der Luft umhertanzt ... Immer wieder kommt dein Luftballon zu dir zurück ... Schau mal, wie wunderbar dein Ballon fliegt ... Lustige Bewegungen macht der Ballon ... Schön sieht das aus ... Wo möchtest du am liebsten mit deinem Luftballon sein? ... Stell dir den Ort genau vor ... Wie sieht es dort aus? ... Schau dir den Ort genau an ... Dann such dir an diesem Ort einen schönen Platz, an dem du mit deinem allerschönsten Luftballon spielen kannst ... Wenn du an dem Platz angekommen bist, probier einmal aus, was man mit einem Ballon alles machen kann ... Wirf den Luftballon noch einmal hoch ... Ganz hoch fliegt der Ballon ... Und dann schwebt er deinen Händen entgegen, die du hochstreckst, um den Ballon wieder auffangen zu können ... Jetzt versuche ihn so weit zu werfen, wie du nur kannst ... Schau dir an, wie weit dein Ballon fliegen kann ... Sehr weit ... Nun lauf schnell hinter deinem Ballon her und fang ihn wieder ein ... Nun probier selbst Dinge aus, die du mit deinem Ballon machen möchtest, lass dir ruhig Zeit dabei ...« *(Mindestens 60 Sekunden Zeit lassen.)*

»Nun ist es leider Zeit zurückzukehren ... Verabschiede dich von deinem Ballon und schau ihn dir noch einmal ganz genau an ... Dann kannst du den Ballon nachher zu Hause malen, wenn du magst ...« *(Die Kinder müssen nun zurückgeholt werden – wichtig!)*

»Nun komme mit deinen Gedanken wieder dorthin, wo wir begonnen haben ... Stell dir unseren Spielgruppenraum vor ... Du wirst gleich wieder da sein ... Nun kannst du langsam die Augen öffnen, dich recken und strecken.« *(Mindestens 60 Sekunden Zeit lassen. Wenn einzelne Kinder eingeschlafen sein sollten, bitte ganz sanft und sachte wecken.)*

 **Abschlusslied »Alle Leut'« (ca. 5 Minuten),** (siehe Seite 124)

Thema: »Schaukeln und Schwingen mit Luftballons«

Freies Spiel (ca. 20 Minuten)
Material: wie gewohnt mit den vorhandenen Spielmaterialien

Begrüßung (ca. 10 Minuten)
- Begrüßungslied »Guten Morgen ...« und ein Lied nach Wahl durch die Kinder
- »Luftballonlied« (ca. 2-mal durchspielen, nach der Melodie: »Hopp, hopp, hopp, Pferdchen lauf Galopp!«, siehe Seite 126)

Luftballon, flieg mir nicht davon.
Lass dich stupsen, lass dich packen,
mit dir schöne Sachen machen.
Luftballon, flieg mir nicht davon.

Gemeinsames Aufräumen des Gruppenraumes
und Zwischenmahlzeit (ca. 15 Minuten)

Schaukeln und Schwingen mit Luftballons (ca. 40 Minuten)

- *»Luftballonbad«*

Alle pusten und pumpen ganz viele Luftballons auf, die die Kinder in ein großes aufgepumptes Planschbecken geben. (Die Luftballons allerdings nur schwach aufblasen, damit die Gefahr des Platzens reduziert wird.) Dann können sich die Kinder mitten in die Luftballons setzen und darin tauchen, schwimmen oder sich gemütlich hineinlegen.

Anschließend versuchen die Kinder alle Luftballons aus dem Planschbecken zu schubsen, und die Mütter versuchen genau so schnell die Luftballons wieder in das Becken hineinzuwerfen. Wer ist wohl schneller? Es darf auch mal getauscht werden. Welche Mutter möchte gerne im Luftballonbad sitzen? Anschließend ruhen sich alle wieder gemütlich auf den Ballons aus.

- *»Auf dem Luftballon schaukeln«*

Die größten und dicksten Luftballons werden herausgesucht und die Kinder versuchen, sich vorsichtig mit dem Bauch darauf zu legen und zu schaukeln. Achtung, der Ballon darf nicht platzen!

- *»Es regnet Luftballons«*

Jeweils drei Mütter und drei Kinder bekommen ein Betttuch. Darauf werden einige Luftballons gelegt. Nun fassen alle das Betttuch an, heben es in die

Höhe und lassen die Luftballons tanzen. Je nach Schwung fliegen die Ballons ganz hoch oder hüpfen vom Tuch herunter. Mütter und Kinder können sich verschiedene Spielmöglichkeiten ausdenken.

Zum Schluss werden alle Luftballons auf das Schwungtuch gelegt, alle fassen das Tuch an und lassen die Ballons hüpfen, bis sie hoch in den Himmel fliegen. Die Kinder versuchen die Ballons wieder einzufangen und in das Schwungtuch zu legen. Und schon regnet es wieder Ballons vom Himmel.

● *»Ballonkette«*

Aufgeblasene Luftballons werden an einer Schnur in Kopfhöhe der Kinder quer durch den Raum aufgehängt. Die Kinder können darunter herlaufen und mit Händen und Köpfen die Ballons stupsen.

Zum Schluss darf jedes Kind seinen Lieblingsballon an einer Schnur mit nach Hause nehmen.

 **Abschlusslied »Alle Leut'« (ca. 5 Minuten),** (siehe Seite 124)

Bewegungslieder und Kreisspiele

 Kleine Kinder lieben es, sich nach der Musik zu bewegen und bestimmte Bewegungsabläufe ständig zu wiederholen. Sind die Kinder noch jünger, sollte darauf geachtet werden, dass die Bewegungslieder nicht zu kompliziert und nicht ausschließlich in Kreisform und mit Anfassen gespielt werden müssen. Kleinkinder möchten nicht unbedingt fremde Erwachsene und Kinder anfassen oder angefasst werden. Oft möchte ein Kind dem Treiben auch einfach nur von außen zuschauen. Es möchte beobachten und erleben, wie eine Gruppe von Eltern und Kindern sich bewegt, und genießt das ruhige Zuschauen. Zu Hause spielt es dann häufig die Bewegungslieder nach. Daher ist es hilfreich, wenn diesen Kindern die notwendige Zeit gegeben und abgewartet wird, bis sie von selbst an den Kreisspielen teilnehmen möchten.

Sind die Kinder mit der Gruppe vertrauter, lieben sie es, im Kreis gemeinsam mit allen etwas zu tun. Dabei ist es wichtig, dass niemand im Mittelpunkt steht oder alleine etwas vorführen muss. Während des Spielablaufs bewegen sich alle zur selben Zeit und tun das Gleiche. Das vermittelt jedem Kind Sicherheit und Orientierung. Mit Mutter oder Vater an der Seite oder an der

Hand kann sich das Kind angstfrei bewegen und über Nähe und Distanz selbst bestimmen. Die Kinder ahmen nach, probieren aus und haben große Freude an den Bewegungsabläufen. Gleichzeitig verstärken die Kreisspiele das Zusammengehörigkeitsgefühl in der Gruppe.

Bei der Auswahl von Bewegungsliedern und Kreisspielen sollte darauf geachtet werden, dass Melodie und Rhythmus sowie der Text einfach und leicht verständlich sind. Der Text soll klar in der Sprache und aus vielen gut einzuprägenden Wortwiederholungen bestehen. Da in den einzelnen Strophen oft nur wenige Worte sich verändern und der Refrain immer gleichlautend ist, können die Kinder die Lieder schnell behalten. Oft regen die Kreisspiele die Phantasie der Kinder und Erwachsenen an, da sich neue Strophen erfinden lassen und sich endlos anschließen können.

● *Meine Hände sind verschwunden* (siehe Seite 127)
Kinder und Eltern sitzen oder stehen im Kreis und verstecken der Reihe nach die benannten Körperteile. Anschließend werden sie wieder hervorgezeigt und mit den Fingern angestupst. Kleinen Kindern bereitet es großen Spaß, die Körperteile mit Namen zu kennen, sie verschwinden und wieder erscheinen zu lassen.

● *Wozu sind die Hände (Füße) da?* (siehe Seite 128)
Kinder und Eltern klatschen im Rhythmus zum ersten Teil des Liedes und führen danach die entsprechenden Bewegungen aus. Das Lied hat mit viel Einfallsreichtum unendlich viele Strophen.

● *Bimm, bamm, bommel* (überliefert)

Bimm, bamm, bommel, Katze schlug die Trommel.	Eltern und Kinder sitzen auf dem Boden und klatschen seitwärts mit den Handflächen abwechselnd auf.
Zehn kleine Mäuse tanzten Ringelreihn	Die zehn Finger zappeln wild umher.
und die ganze Erde donnerte dabei.	Es wird in die Hände geklatscht oder mit den Fersen auf den Boden getrommelt.

● *Ich bin ein kleiner Hampelmann* (siehe Seite 129)
Eltern und Kinder machen die entsprechenden Bewegungen des Hampelmanns im ersten Teil der Strophe nach. Im zweiten Teil bewegen sie abwechselnd den rechten und dann den linken Arm, heben beide Arme einmal nach oben und einmal nach unten und machen zum Schluss den Hampelmannsprung.

● *Das ist grade* (überliefert)

Das ist grade, das ist schief.	Im Stehen die Arme seitlich ausstrecken, erst waagerecht halten und dann schief (wie bei einem Flugzeug).
Das ist hoch	Die Arme werden über dem Kopf hochgestreckt.
und das ist tief.	In die Hocke gehen und mit den Händen den Boden berühren.
Das ist dunkel,	Mit den Händen die Augen bedecken.
das ist hell.	Die Hände von den Augen fortnehmen.
Das ist langsam	In der Hocke mit den Handflächen leicht auf den Boden klatschen.
und das ist schnell	Mit den Händen feste auf den Boden schlagen. Kann auch mit Händeklatschen gespielt werden (oder im Stehen in die Hände klatschen).

● *Ich hol mir eine Leiter* (siehe Seite 130)
1. **Strophe**: Pantomimisch eine Leiter holen und hinstellen. Mit Händen und Füßen steigende Bewegungen nachahmen.
2. **Strophe**: Pantomimisch Äpfel pflücken entsprechend der Ansagen, dann vor dem Bauch einen großen runden Korb zeigen.
3. **Strophe**: Mit Händen und Füßen weiter hinaufsteigen, sich pantomimisch an etwas festhalten und in die Hocke gehen.
4. **Strophe**: In der Hocke auf und ab wippen, bis man schließlich auf den Hosenboden fällt und nach hinten wegrollt.

● *Was machen wir so gerne hier im Kreis* (siehe Seite 127)
Sind die Kinder noch neu in der Gruppe, stehen sich die Eltern und das Kind als Paar gegenüber. Sind die Kinder bereits vertraut miteinander, stehen Erwachsene und Kinder im Kreis zusammen. Im ersten Teil des Liedes wird geklatscht, im zweiten Teil werden den Ansagen entsprechend die Bewegungen ausgeführt. Die Ideen von Kindern und Eltern werden im Lied aufgegriffen. Zum Schluss tanzen alle lustig um sich selbst herum.

● *Wir haben eine Ziehharmonika* (siehe Seite 128)

Eltern und Kinder stehen im Kreis und gehen wie bei einer Ziehharmonika in die Kreismitte zusammen und wieder auseinander. Bei den Worten »bum, bum, bum« stampfen alle im Rhythmus auf. Im ruhigen Mittelteil wiegen sich alle hin und her, indem sie von einem Bein auf das andere schaukeln. Zum Schluss wird das Zusammen- und Auseinandergehen wiederholt.

● *Karussell* (siehe Seite 126)

Bei jüngeren Kindern spielen jeweils nur die Eltern mit ihrem Kind allein dieses Bewegungsspiel. Sind die Kinder älter und vertrauter in der Gruppe, stehen jeweils abwechselnd ein Erwachsener und ein Kind im großen Kreis. Alle halten sich an den Händen und gehen im Kreis herum. Beim Kommando »Anhalten« bleiben alle stehen, beim Kommando »Einsteigen« trampeln alle auf den Boden. Bei »Festhalten« fassen die Erwachsenen jeweils die neben ihnen stehenden Kinder unter den Achseln an den Oberarmen, und dann kann die Karussellfahrt beginnen. Die Eltern heben die Kinder hoch und laufen erst langsam, dann immer schneller im Kreis.

● *Abschlusslied:»Alle Leut'«* (siehe Seite 124)

1. Strophe:
   Takt 1-2: Eltern und Kinder stehen im Kreis und klatschen im Rhythmus.
   Takt 3-4: Sie zeigen mit den Händen ein Haus, dann fünf Finger an einer Hand.
   Takt 5-6: Alle klatschen im Rhythmus.
2. Strophe:
   Takt 1-2: Alle klatschen im Rhythmus.
   Takt 3-4: Arme zeigen hoch und tief, dann breit und schmal.
   Takt 5-6: Alle klatschen im Rhythmus.
3. Strophe:
   Takt 1-2: Alle klatschen im Rhythmus.
   Takt 3-4: Alle winken.
   Takt 5-6: Alle klatschen im Rhythmus.

3.5. Materialsammlung für Bewegungsanregungen

○ Stühle, kleine und große Tische

○ Bank, großes Holzbrett, Bügelbrett/schiefe Ebene

○ Decken, Betttücher, Schwungtuch

○ Matratzen, Schaumstoffpolster, Kissen

○ Luftmatratze

○ Kriechtunnel

○ Kartons unterschiedlicher Größe

○ Spielkisten

○ Getränkekästen

○ Haushaltsleiter, Trittleiter

○ Aufblasbares Schwimmbecken

○ Bälle von unterschiedlicher Größe und Beschaffenheit

○ Plastikbälle, Softbälle, Gummibälle, Tennisbälle, Tischtennisbälle, Stoffbälle, Massagebälle

○ Wasserbälle zum Aufblasen, Gymnastikbälle, Pezzibälle

○ Luftballons

○ Holz- oder Plastikreifen

○ dickes Seil, Springseilchen

○ Nachziehspielzeug

4 Spiele für die Sinne

4.1 Die Bedeutung der Sinneswahrnehmung für die kindliche Entwicklung

Über ihre Sinne erleben und erfahren Kinder ihre Umwelt und eignen sie sich an. Je mehr dem kindlichen Forschungs- und Erkundungsdrang entsprochen wird, je mehr Kinder dabei entdecken können und je unterschiedlicher ihre Erfahrungen dabei sind, desto besser lernen sie ihre Wahrnehmungseindrücke zu verarbeiten.

Kinder brauchen vielfältige Möglichkeiten, ihre Sinne einzusetzen und zu erproben, um ausreichend sinnliche Erfahrungen zu sammeln und deren Zusammenhänge eigenständig entdecken zu können.

Im Folgenden werden die unterschiedlichen Sinne zwar einzeln vorgestellt, doch immer wieder wird aufgezeigt, wie alle Sinneswahrnehmungen miteinander verbunden sind und sich gleichermaßen bedingen und welche körperlichen, geistigen und seelischen Fähigkeiten diese begleiten. Erst das Zusammenspiel aller Komponenten macht die Entwicklung eines Kindes möglich.

Der Sehsinn

Das Auge ist für den Menschen das wichtigste Sinnesorgan, da der Sehsinn der am häufigsten gebrauchte und genutzte aller Sinne ist. Jedoch ist er nicht der elementarste Sinn, wie die späteren Ausführungen noch zeigen werden.

Das Auge verschafft dem Menschen Informationen, die ihm helfen, sich in seiner Umwelt zu orientieren. Über optische Reize ist das Auge in der Lage, Helligkeit zu sehen und zu unterscheiden, sich der Dunkelheit anzupassen, Farben zu sehen und Muster und Formen zu erkennen. Darüber hinaus gibt die Sehleistung des Auges Auskunft über den Raum und die Raumlage, in der sich der Mensch befindet, und verhilft ihm dazu, räumliche Beziehungen herzustellen. Des weiteren erhält er Informationen über die Lage und die Veränderung von Gegenständen und Lebewesen. Somit hilft der Sehsinn dem Menschen, sich im Raum zu orientieren, seine Körperhaltung zu kontrollieren sowie seine Fortbewegung zu steuern und Reizquellen zu lokalisieren. (vgl. Zimmer 1995)

Doch das Sehen bedeutet nicht nur das Aufnehmen und Verarbeiten optischer Eindrücke, sondern drückt auch die individuelle Sichtweise eines jeden Einzelnen aus. Jeder Mensch wählt aus, was für ihn gerade von Interesse ist. Er steuert aktiv die Wahrnehmung des Sehens, gibt dem, was er sieht, eine eigene Bedeutung und gestaltet somit den Vorgang des Erkennens.

Bereits im Mutterleib kann das Ungeborene sehen. Vermag es anfangs durch die dünnen Augenlider Hell und Dunkel zu unterscheiden, kann es im siebten Schwangerschaftsmonat seine Lider heben und senken, die Augen also öffnen und schließen. Ging man bislang davon aus, dass ein Neugeborenes die Umwelt um sich herum nur sehr verschwommen wahrnimmt, zeigen Untersuchungen, dass der Säugling kurz nach der Geburt bereits zwischen verschiedenen Mustern unterscheiden kann. Dabei bevorzugt er eindeutig Muster, die einem Gesicht ähneln (Augen, Nase, Mund). Neugeborene können sich langsam bewegende Objekte schon für einen kurzen Augenblick mit den Augen verfolgen. Am schärfsten sieht ein Baby Dinge, die sich in einer Entfernung von etwa 20 bis 25 Zentimetern vor seinen Augen befinden. Dies ist genau der Abstand, den Eltern intuitiv wählen, wenn sie sich zu ihrem Kind herabbeugen oder es hochnehmen. Die Sehschärfe der Kinder nimmt Woche für Woche zu. Dabei geht die Sehleistung einher mit der Fähigkeit, den Kopf und die Augen stabil zu halten. A. Jean Ayres bezeichnet dies als »eine fundamentale Fähigkeit, die einen bedeutenden Überlebenswert hat«.[19]

Etwas wirklich mit den Augen wahrzunehmen, beinhaltet viel mehr als nur das Sehen allein. Während das Baby die Umwelt mit seinen Augen erkundet, ist das Gehirn gleichzeitig damit beschäftigt, die Impulse, die von den Augenmuskeln (um die Augen stabil zu halten), den Nackenmuskeln (um den Kopf stabil zu halten) und vom Innenohr (um das Gleichgewicht zu halten) ausgehen, aufzunehmen, zu verarbeiten und zu einer integrierten Wahrnehmung zusammenzusetzen.

Im Laufe der Zeit entwickelt sich das Farbsehen. Bislang ist noch nicht eindeutig erwiesen, in welchem Alter die Farbwahrnehmung zum ersten Mal auftritt. Man geht davon aus, dass die Kinder zuerst die Farbe Rot erkennen und später dann die Farben Blau, Gelb und Grün hinzukommen. Sicher ist, dass Babys auf Farben besonders im starken Kontrast zu Weiß reagieren.

Der Hörsinn

Das Ohr ist eines der kompliziertesten Organe des menschlichen Körpers. Ähnlich wie das Auge leitet es Informationen aus der Umwelt an das Gehirn weiter. Wie beim Sehen wählt das Gehirn aus der Flut von akustischen Reizen einen Teil aus. Mit den Ohren nimmt der Mensch Schallwellen wahr, die er als Töne, Klänge oder Geräusche unterscheidet. Durch sein Gehör ist er in der Lage, die Geräuschquellen räumlich einzuordnen, Richtungen zu bestimmen und Entfernungen abzuschätzen.

Doch erst die Fähigkeit, das Gehörte zu speichern, es wiederzuerkennen und abzurufen, ermöglicht es dem Menschen, einen Bedeutungszusammenhang herzustellen. Der Hörsinn stellt darüber hinaus eine grundlegende

Voraussetzung für die Entwicklung der Sprache dar. Er trägt entscheidend zur menschlichen Kommunikation bei.

Bereits im Mutterleib kann das Ungeborene Geräusche wahrnehmen. Es hört den Herzschlag der Mutter, ihren Atemrhythmus, ihre Stimme. Aber auch Geräusche von außen werden vom Ungeborenen schon differenziert wahrgenommen. So reagiert es mit Bewegungen unterschiedlich auf laute, aggressive oder leise, ruhige Musik. Ab der zehnten Schwangerschaftswoche beginnen die äußeren Teile der Ohren zu wachsen, am Ende des dritten Schwangerschaftsmonats ist das Innenohr (wegen seiner Vielgestaltigkeit auch Labyrinth genannt) angelegt und gegen Ende des sechsten Schwangerschaftsmonats sind alle Strukturen zum Hören herangereift.

Bei der Geburt ist das Gehör so gut entwickelt, dass das Neugeborene Töne zu unterscheiden vermag, wobei es eindeutig hohe Töne vor tiefen Tönen bevorzugt. Eltern sprechen mit ihrem Baby intuitiv eine Tonlage höher als mit Erwachsenen und passen ihre Sprachmelodie der Aufnahmefähigkeit des Babys an. Der Säugling lässt sich durch rhythmische Klänge beruhigen und ist schon in der Lage, Geräuschquellen zu lokalisieren. Die Stimme seiner Mutter erkennt ein Säugling wieder, und auf ihrem Arm lässt er sich durch den vertrauten Rhythmus ihres Herzschlags beruhigen.

Im Laufe der Zeit entwickelt das Kind zunehmend die Fähigkeit, sich auf ein bestimmtes Geräusch zu konzentrieren, Ähnlichkeiten und Unterschiede zwischen Lauten zu erkennen sowie das Gehörte zu speichern, zu verstehen und inhaltlich einzuordnen. Das Kind lernt, das Gehörte in einen Sinnzusammenhang zu bringen.

Der Geruchssinn

Die Nase und ihre sinnliche Wahrnehmung sind beim Menschen weniger gut ausgebildet als bei anderen Säugetieren. In erster Linie stellt der Geruchssinn für den Menschen eine Schutzfunktion dar, wenn er z. B. verdorbene Nahrung oder Verbranntes riecht. Der Geruch ist bei den Menschen häufig mit Empfindungen verbunden und weckt jeweils unterschiedliche Emotionen. Gerüche sind tief im Gedächtnis verhaftet und rufen beim Menschen oft Erinnerungen aus vergangenen Zeiten hervor.

Der Geruchssinn passt sich auf der anderen Seite aber sehr schnell an. Nach kurzem Aufenthalt in einer duftintensiven Umgebung hat der Mensch sich an den Geruch gewöhnt und nimmt ihn kaum noch wahr. Die Gerüche werden im oberen Teil der Nasenhöhle von Riechzellen wahrgenommen. Riechen kann der Mensch nur Stoffe, die in der dort befindlichen Schleimhaut gelöst werden und die entsprechenden chemischen Reaktionen hervorrufen. Diese Reize werden zum Gehirn geleitet, wo die eigentliche bewusste Wahrnehmung stattfindet.

Am Ende des zweiten Schwangerschaftsmonats sind beim Ungeborenen die ersten Ansätze zur Nase zu erkennen, die Riechschleimhaut bildet sich aus und der Geruchssinn reift zwischen dem sechsten und achten Schwangerschaftsmonat heran.

Bei der Geburt ist der Geruchssinn so gut entwickelt, dass das Neugeborene verschiedene Gerüche wahrnehmen kann. Bereits zwei Tage alte Babys erkennen den Geruch ihrer Mutter und können ihn sicher von anderen unterscheiden. Später mögen kleine Kinder insbesondere ihren eigenen Geruch. Weil dieser sich leicht auf ein Schmusetuch oder ein Kuscheltier überträgt, lässt ein Kind sich durch den vertrauten Geruch dieser Dinge beruhigen. Im Laufe der Zeit lernt das Kind immer mehr Gerüche kennen und differenzieren, bis es als Erwachsener Tausende von verschiedenen Duftstoffen unterscheiden kann.

Der Geschmackssinn

Geruchs- und Geschmackssinn stehen in enger Verbindung zueinander. Beide wirken gleichzeitig bei der Aufnahme von Nahrung, und durch das Zusammenspiel der beiden Sinne entwickelt sich ein vielfältiges Genuss-Erlebnis. Bei dem Geschmackssinn handelt es sich ebenfalls um ein Sinnessystem, das auf chemische Reize reagiert. Die Geschmacksknospen, die sich auf der Zunge und in der gesamten Mundhöhle befinden, reagieren nur auf Stoffe, die dort löslich sind. Diese Reize  werden über verschiedene Nervenbahnen zum Gehirn geleitet und dort bewusst wahrgenommen. Gleich wie bei den Riechzellen der Nase kommt es auch bei den Geschmackszellen zu einer ständigen Erneuerung.

Der Mensch registriert mit der Zunge vier grundlegende Geschmacksqualitäten: süß, salzig, sauer, bitter. Durch die unterschiedlichsten Kombinationen dieser Geschmacksrichtungen entstehen weitere Empfindungen. Doch das Schmecken hat nicht nur Einfluss auf die Nahrungsaufnahme, sondern auch auf die Verdauungstätigkeit. Die Geschmacksempfindungen senden zugleich Signale an den Verdauungsorganismus. Daher ist das Schmecken immer auch eine erste Voraussetzung für eine gute Verdauung.

Schon im Mutterleib kann das Ungeborene schmecken, da seine Geschmacksknospen bereits ab dem dritten Schwangerschaftsmonat ausgebildet sind. Später schmeckt es kleine Schlückchen vom Fruchtwasser. Bei der Geburt sind die Geschmacksempfindungen so gut entwickelt, dass das Neugeborene bereits auf die vier Geschmacksqualitäten unterschiedlich reagiert.

Untersuchungen zeigen, dass bereits Säuglinge das Süße dem Salzigen oder Sauren vorziehen. Im Laufe der Entwicklung wird durch vielfältige Anregungen der Geschmackssinn verfeinert und weiter ausdifferenziert.

Die Basissinne

Einige Sinne werden nach den neuesten Erkenntnissen als Grundlage unserer gesamten Wahrnehmung angesehen. Der *Tast- und Berührungssinn*, der sich über den ganzen Körper verteilt, der *Bewegungssinn*, der die *Eigenwahrnehmung* (auch als *Tiefensensibilität* bezeichnet) des menschlichen Körpers mit all seinen Gliedern, Muskeln, Sehnen und Gelenken umfasst, sowie der Gleichgewichtssinn, der letztendlich Voraussetzung für alle anderen Wahrnehmungssysteme ist, stellen die Basis für die Sinneswahrnehmung eines Menschen dar. Damit entwickeln sich zuerst die Sinne, die uns Informationen über unseren Körper und seine Beziehung zur Umwelt geben. Sie gehören wie das Riechen und Schmecken zu den *körpernahen Sinnen*. Hören und Sehen werden dagegen als *körperferne Sinne* bezeichnet.

Der Tast- und Berührungssinn

Etwas ertasten und greifen können, etwas berühren und spüren können, über Hand, Mund und Haut Empfindungen aufnehmen können, sind die Grundvoraussetzungen des menschlichen Überlebens. Dabei übernimmt die Haut viele unterschiedliche Funktionen und ist wichtiger als alle anderen Wahrnehmungsorgane.

Die Haut hat nicht nur die Funktion eines Schutzmantels für den menschlichen Körper, sondern dient ihm insbesondere als Tast- und Empfindungsorgan. Die Haut reagiert mit Hilfe von Tastkörperchen, in denen sich empfindliche Nervenzellen befinden, auf verschiedene Reize wie Temperatur, Berührung, Schmerz, Vibration, Druck und Zug, die über die Nervenbahnen zum Gehirn geleitet werden. Das Gehirn registriert die Empfindungen als Berührungen, differenziert die Stärke der Berührung und lokalisiert die Körperstelle, von der aus das Signal gesendet wurde.

Da die Fingerspitzen über die meisten Tastkörperchen verfügen, sind diese neben den Handinnenflächen und den Fußsohlen am empfindlichsten. Daher wird die Hand mit ihren Fingern aktiv zum Erkunden durch Berührungen eingesetzt. Das Betasten von Gegenständen verschafft dem Menschen Informationen über deren Größe, Form, Konsistenz und Beschaffenheit und lässt damit Rückschlüsse auf die Eigenschaften von Gegenständen zu. Die Hand wird damit zum wichtigsten Körperteil bei der Übermittlung von Tastempfindungen, aber gleichermaßen auch zum wichtigsten Erkundungsorgan im Sinne eines Werkzeugs. »Sie kann greifen, streicheln, schlagen, formen, bauen, nehmen, greifen etc. Dies verdeutlicht auch den engen Zusammenhang von Tast- und Bewegungssinn.«[20]

Die Tastfunktion der Füße ist dem Menschen im Laufe der Jahrtausende abhanden gekommen. Sensible Temperatur- und Schmerzempfindungen machen deutlich, über welch hohes Unterscheidungsvermögen von Reizen die Füße verfügen.

Auch der Mund mit Zunge, Lippen und Gaumen eignet sich hervorragend als Tastorgan. Von klein auf nehmen Kinder mit Vorliebe alles in den Mund, der sehr sensibel für das Ertasten von Gegenständen ist und vielfältige Informationen der Erkundung vermittelt.

A. Montagu bezeichnet den Tastsinn als den »Ursprung aller Empfindungen«,[21] da der Tastsinn sich vor allen anderen Sinnessystemen entwickelt.

Bereits gegen Ende des zweiten Schwangerschaftsmonats reagiert das Ungeborene im Mutterleib auf Berührungen im Kopfbereich, und ab dem vierten Schwangerschaftsmonat zeigt sich der gesamte Körper berührungsempfindlich. Während der Geburt erfährt der Säugling über die Haut in höchstem Maße Reizempfindungen, die die verschiedenen Organe zur Eigentätigkeit anregen und sein Überleben sichern.

Als erste Reaktion des Neugeborenen wird seiner Greifreaktion Beachtung geschenkt, denn diese gibt eine erste Auskunft über die Befindlichkeit und den Entwicklungsstand des Kindes. Werden die Handinnenflächen des Säuglings berührt, schließen sich seine Finger um den von einem Erwachsenen angebotenen Finger oder einen Gegenstand oder ballen sich zur Faust. Bei dieser ausgelösten Bewegung handelt es sich um eine automatische Reaktion, die jedem Kind angeboren ist und die im Laufe der Entwicklung in eine willentlich gesteuerte Bewegung übergeht.

Die Haut als frühestes und sensibelstes Organ hat für das heranwachsende Kind insbesondere auch die Bedeutung eines wichtigen Kommunikationsorgans, das am Austausch sozialer Kontakte entscheidend beteiligt ist. Die erste Sprache des Kindes erfolgt nämlich über den Tast- und Berührungssinn. Durch die Art, wie ein Kind gehalten, getragen und gestreichelt wird, erhält es Informationen über die Person, die sich mit ihm beschäftigt. Es kann unterscheiden zwischen einer liebevollen Zuwendung, einer gleichgültigen Versorgung oder einer ablehnenden Haltung ihm gegenüber.

So bezeichnet A. Montagu die Sprache des Tastsinns als die früheste aller Sprachen.

Der Bewegungssinn

Die Empfindungen einer Bewegung vermitteln dem Menschen nicht nur die Veränderung seines Körpers in seiner Beweglichkeit, sondern beinhalten gleichermaßen die »Wahrnehmung der Raum-, Zeit-, Kraft- und Spannungs-verhältnisse der eigenen Bewegung.«[22]

Fachleute bezeichnen den Bewegungs-, Kraft- und Stellungssinn als einen wesentlichen Sinn, der dem Kind in seiner Eigenwahrnehmung ermöglicht, ein Bild seines Körpers, ein so genanntes Körperschema aufzubauen. Für diesen Sinn wird auch der Begriff der Tiefensensibilität gebraucht, die Aussagen zur Stellung der Gelenke, zur Wahrnehmung von Sehnen, Muskeln und ihrer Koordination sowie zum Spannungsgrad der Muskulatur macht. Letztendlich bedeutet dies die Wahrnehmung jeglicher Art von Bewegung, die Grundvoraussetzung für die Kontrolle der Eigenbewegung, der genauen Vorstellung von Bewegung und Bewegungsabläufen sowie des Bewegungsgedächtnisses ist. (vgl. Zimmer 1995)

Bereits im dritten Schwangerschaftsmonat erfährt das Ungeborene seine eigenen Bewegungen, da es durch die Bewegungen der Mutter geschaukelt wird. Später lernt es sogar schon seine eigenen Bewegungen zu steuern, wenn es zum Beispiel wiederholt den Daumen in den Mund steckt, um daran zu lutschen.

Aufgrund des Bewegungssinns erhält das Neugeborene Informationen über seine körperliche Lage und lernt zunehmend, wie es diese aktiv durch seine eigene Körperhaltung unterstützen kann. Es schmiegt sich rund in den Arm oder Schoß des Erwachsenen, es lehnt sich über seine Schultern oder liegt flach auf einer harten Unterlage.

Der Bewegungssinn verhilft dem Baby ab dem vierten Lebensmonat, durch die zunehmende Koordination von Sehsinn, Muskel- und Gelenkwahrnehmung und gleichzeitigen Einsatz des Tastsinns zum gezielten Greifen von Gegenständen zu kommen.

Der Gleichgewichtssinn

Als einer der Basissinne unserer Wahrnehmung ist der Gleichgewichtssinn für die Aufrechthaltung des Körpers entgegen der Anziehungskraft der Erde und für die Orientierung im Raum zuständig. Das Gleichgewichtsorgan liegt im Innenohr des Menschen und registriert die Lageveränderungen des Körpers, hierbei insbesondere die des Kopfes und dessen Beschleunigung. Auch das Empfinden von Drehbewegungen wird über den Gleichgewichtssinn zu einer Koordination von Bewegungen verarbeitet.

Das Gleichgewichtszentrum gehört zu den Gehirnteilen, die am frühesten entwickelt sind. Bereits gegen Ende des zweiten Schwangerschaftsmonats beginnt sich das Gleichgewichtsorgan herauszubilden. Ab der zehnten Schwangerschaftswoche entwickeln sich die entsprechenden Nervenbahnen und stabilisieren sich bis zur 21. Schwangerschaftswoche. Im Mutterleib schwimmt das Ungeborene anfangs noch recht frei in der Fruchtblase und verändert somit stets seine Lage. Der Gleichgewichtssinn funktioniert von Anfang an, und bevor er vollkommen ausgereift ist, fördert er sich gleichermaßen selbst durch seine stete Anwendung.

Während des ersten Lebensjahres ist das Kind stets bemüht, sich gegen die Anziehungskraft der Erde aufzurichten. Hat es später seine Körperbalance gefunden, wird es immer wieder versuchen, diese aus dem Gleichgewicht zu bringen. Denn das vermittelt ihm vielfältigste Empfindungen und Erfahrungen, die grundlegend wichtig für seine gesamte Entwicklung sind.

Der Gleichgewichtssinn ist eng mit dem Tast- und dem Bewegungssinn verbunden, denn alle drei Basissinne sind unmittelbar mit der Aktivität des Körpers verknüpft.

Besonders hervorzuheben ist im Zusammenhang mit dem Gleichgewichtssinn dessen zweifache Bedeutung für die kindliche Entwicklung. Der Gleichgewichtssinn trägt entscheidend zu einer *äußeren* und zu einer *inneren Balance* bei. Während sich die äußere Balance auf die Wahrnehmung der Schwerkraft und das Halten des Körpers im Gleichgewicht bezieht, geht es bei der inneren Balance um die Haltung des inneren Gleichgewichts, das für das Wohlbefinden zuständig ist und eine Selbstregulation möglich macht.

Für ein Kind, das sich in der Entwicklung befindet, sind äußere und innere Balance von entscheidender Bedeutung. Sie erst ermöglichen die optimale Entfaltung aller Sinne und die ganzheitliche Entwicklung des Kindes. Kinder sind bemüht, ihr äußeres und inneres Gleichgewicht durch ein Wechselspiel der Sinne, das fachlich als *Integration* bezeichnet wird, zu regulieren.

Integration - Das Zusammenspiel der Sinne

Um die kindliche Entwicklung besser verstehen zu können, mag es hilfreich sein, die einzelnen Sinne mit ihren unterschiedlichen Empfindungen isoliert zu betrachten. Doch die unterschiedlichen Wahrnehmungssysteme stehen in einem engen Zusammenhang und bedingen einander. Was ein Kind sieht oder hört, wird sofort in Beziehung zu der räumlichen Körpererfahrung, zu Bewegungen und zu Tastempfindungen gesetzt, und was ein Kind fühlt oder wie es sich bewegt, zeigt ihm gleichzeitig an, wo es sich befindet.

So ist nicht allein entscheidend, dass die einzelnen Sinne funktionieren, sondern dass ein Kind lernt, diese ordnend einzusetzen. Dabei geht es nicht nur um die Aufnahme von Informationen, sondern auch um deren Verarbeitung. Diesen Prozess des Ordnens und Verarbeitens sinnlicher Eindrücke bezeichnet J. Ayres als sensorische Integration. »Durch die sensorische Integration wird erreicht, dass alle Abschnitte des Zentralnervensystems miteinander zusammenarbeiten und damit eine sinnvolle und angemessene Auseinandersetzung des Menschen mit seiner Umgebung möglich ist.«[23] Je besser die sensorische Zusammenarbeit bei einem Menschen funktioniert, umso mehr kann er seine Begabungen und Fähigkeiten zur Geltung bringen.

Das Zusammenspiel der Sinne wird ganz besonders durch vielfältige Bewegungsaktivitäten des Kindes gefördert. Bewegungsabläufe fordern Reaktionen des Kindes heraus, die es ihm ermöglichen, sich anzupassen und Neues hinzuzulernen. Wollen Eltern, Erzieherinnen und Gruppenleiterinnen Kinder in ihrer gesamten Entwicklung fördern, sollten sie ihnen im ausreichenden Maße Bewegungsmöglichkeiten verschaffen. Diese unterstützen nicht nur die Bewegungsentwicklung, sondern auch die Verarbeitung der damit einhergehenden sinnlichen Reize.

Besonders das Spielen unterstützt das Kind bei der Wahrnehmung der Sinne und deren Verarbeitung. »Ohne intensives Spielen, welches den ganzen Körper beansprucht, verschafft sich das Kind nicht das Ausmaß an Sinneswahrnehmungen, das notwendig ist, um das Gehirn in seiner Gesamtheit zu entwickeln.«[24]

»Nur durch das Tor der Sinne zieht die Welt in das Gemüt der Menschen ein.«
(Hans Kükelhaus)

Gerade zu Anfang des menschlichen Lebens kommunizieren die Sinne in einem fein abgestimmten Wechselspiel miteinander. Diese Balance sollten Erwachsene bei den Kindern achten und nicht stören.

4.2 Sinnesanregungen für die Jüngsten
6 Monate bis 1 1/2 Jahre

In der ersten Zeit seines Lebens ist das Baby ganz damit beschäftigt, sich selbst und seinen Körper zu entdecken und soziale Kontakte durch Berührungen und Ansprache zu genießen. Indem es durch verschiedene Sinneserfahrungen Informationen sammelt, macht es sich ein Bild von dieser Welt. Durch vielfältige Anregungen und Begegnungen mit unterschiedlichen Reizen – Berührungen, Klängen, Bildern – erhält das Kind die Möglichkeit zu einer rundum gesunden Entwicklung. Damit sich das Gehirn überhaupt entwickeln, eine Struktur bilden und die Wahrnehmungen verarbeiten kann, muss das Kind sämtliche Sinne nutzen. Babys kommen zwar mit Milliarden von Nervenzellen auf die Welt, die auch schon in einem vorläufigen Grundmuster miteinander verbunden sind. Die Feinabstimmung aber geschieht erst durch die Anregungen von außen.

Dabei ist es notwendig, dass ein Kind Zeit und Gelegenheit hat, eine Wahrnehmung beliebig oft zu wiederholen. Denn nur dadurch werden Sinneseindrücke vertieft und die Sinneserlebnisse und -erfahrungen verinnerlicht.

Schon kleine Kinder erleben in der heutigen Zeit ein Zuviel an optischen und akustischen Reizen. Hier ist es wichtig, als Gegenpol zu der Reizüberflutung in diesen Sinnesbereichen die körpernahen Sinne anzusprechen: tasten, fühlen, spüren, sich bewegen und bewegt werden.

Entwicklungsschritte im ersten Lebensjahr

- Auge-Mund-Hand-Koordination
- Entwicklung der Feinmotorik in den Bereichen:
  Greifen – Nehmen, Loslassen – Geben, Hantieren
- Erfassen von Höhe und Tiefe
- Räumliche Orientierung
- Akustische Zuordnung
- Wiedererkennen und Übertragung
- Bewusstes Experimentieren zur Erforschung von Ursache und Wirkung
- Entwicklung der Handlungsfähigkeit im Zusammenspiel von Handeln und Denken
- Entwicklung der Sprache und des Sprachverständnisses

Krabbelparcours der Sinne

Allen kleinen Kindern bereitet es ein sinnliches Vergnügen, über unterschiedliche Flächen zu krabbeln und dabei verschiedene Reize zu erleben. Je nach Art der Unterlage wird das Kind vielfältige Materialien ertasten und erspüren.

Damit die Kinder intensiv die unterschiedlichen Bodenbeläge spüren können, ist es anzuraten, sie mit nackten Beinen und Füßen krabbeln zu lassen. Die Kinder werden auch immer wieder verweilen, um verschiedene Materialien mit den Händen und Fingern zu ertasten. Sie werden mit den Handflächen über die Teppichfliesen streichen, Fell und Plastiknoppen mit den Fingern fühlen und zupfen oder in das weiche Kissen greifen.

Materialsammlung für einen Krabbelparcours:

- große Teppichfliesen in unterschiedlicher Qualität (samtig, rau, kratzig u. Ä.)
- ein kleiner Sisalläufer
- eine Matte aus Kunststoffrasen
- ein Schaffell
- ein Stück Verpackungsmaterial mit eingeschweißten Noppen
- eine glatte Plastikplane
- eine aufgeblasene Luftmatratze
- ein Stück Wellpappe
- ein dickes Kissen

Bei der Auswahl von Materialien sind der Phantasie keine Grenzen gesetzt. Die Materialien werden in einem kleinen Abstand hintereinander auf den Fußboden gelegt und die Kinder angeregt, darüber zu krabbeln. Besonders motivierend wirkt es auf die Kinder, wenn die Erwachsenen sich ebenfalls auf allen Vieren über den Parcours bewegen.

Stundenmodell: *nach einer Idee von Elke Reckmann, Lüdinghausen (Eltern-Kind-Gruppe in einer kath. Familienbildungsstätte)*

»Erfahrungen mit Bewegung und Materialien«

Da ich in einer Familienbildungsstätte arbeite, steht mir ein Mehrzweckraum zur Verfügung, d.h. ein Raum, in dem sich sowohl Eltern-Kind-Gruppen als auch Bastelgruppen u.a. treffen. Alle 14 Tage kann ich unseren Gymnastikraum benutzen. Der Mehrzweckraum ist zum Teil mit Teppichboden ausgelegt. Spielzeug wie Tast- und Fühlmatten, Holzbauklötze, Plastikringe, Puppen, Pezzibälle, Igelbälle, Reissäckchen usw. stehen mit zur Verfügung.

Die Eltern-Kind-Gruppe besteht aus acht Müttern mit jeweils einem Kind. Das Alter der Kinder liegt zwischen 5 und 12 Monaten. Fünf Kinder krabbeln und robben und kommen aus eigener Kraft in die sitzende Position. Zwei dieser Kinder ziehen sich am Laufstallgitter, Treppenhausgitter, Regalen usw. selbstständig hoch. Drei weitere Kinder liegen noch weitgehend in der Rücken- oder Bauchlage. Zwei dieser Kinder können ihre Position durch aktive Drehung verändern.

Ich wünsche mir, meine Erfahrungen, die ich mit meiner Tochter in den Eltern-Kind-Gruppen gemacht habe, weitergeben zu können. Eltern und Kindern möchte ich Zeit und Raum zum intensiven Kennenlernen geben. Mein neu erworbenes Wissen durch die Teilnahme an der Zertifikatsfortbildung will ich an die Teilnehmenden weitergeben. Den Kindern möchte ich Gelegenheit geben, erste soziale Kontakte zu Gleichaltrigen knüpfen zu können, ihren eigenen Körper kennen zu lernen und das eigene Ich zu entdecken. Außerdem möchte ich den spielerischen Umgang mit Liedern, Bewegung und Materialien vermitteln. Eltern möchte ich, außerhalb des normalen Tagesablaufes, zum intensiven Beobachten ihres Kindes und zum gemeinsamen Spielen anregen. Den Austausch von großen und kleinen Problemen mit anderen Eltern möchte ich ermöglichen.

Thema: »Schaukeln«

Ziele für die Kinder:
Anregen des Gleichgewichtsinns

Ziele für die Eltern:
● Intensives Beobachten und Beschäftigen mit ihrem Kind
● Eltern zu unterschiedlichen Beschäftigungsformen anregen

Ziele für die Eltern-Kind-Gruppe:
Gemeinsames Erleben und Erfahren

Material:
Bettlaken, Wolldecke, Badetuch, Gymnastikmatte, zwei Reifen aus Holz oder Plastik

Methode:
● Schaukeln mit dem Tuch
● Schaukeln mit der Gymnastikmatte

Ablauf:
    ● Begrüßungslied
    ● Freispiel mit den Kindern
● Die Kinder können sich mit unterschiedlichen Materialien vertraut machen (Bettlaken, Wolldecke etc.).
● Die Eltern können miteinander kommunizieren.
● Danach werden die Kinder von den Eltern auf dem Arm geschaukelt.
● Das Schaukeln wird mit einem passenden Lied begleitet: »Die ... wird geschaukelt, geschaukelt! ...«
● Die Kinder werden in dem Bettlaken, der Wolldecke oder dem Badetuch einzeln geschaukelt.
● Die Gymnastikmatte, die durch zwei Reifen geschoben wird, damit man sie in Bewegung setzen kann, bietet die Möglichkeit, mehrere Kinder gleichzeitig zu schaukeln.
● Mutter oder Vater liegen gemeinsam mit ihrem Kind in dieser großen Schaukel und bewegen sich.
● Nach dem Schaukeln wird durch ein Abschiedslied die Gruppenstunde beendet.

Hinweis:

Zwischen den Schaukelanregungen müssen die Kinder immer wieder eine Pause haben, um sich auf festem Untergrund orientieren zu können. Auf die Befindlichkeit des einzelnen Kindes wird immer wieder Rücksicht genommen. Kinder, die genug haben, dürfen sofort aufhören, und Kinder, die nicht genug bekommen können, dürfen weiter geschaukelt werden.

Thema: »Bälle«

Ziele für die Kinder:
- Intensive Beschäftigung mit der eigenen Bewegung und der Bewegung des Balles
- Schulung des Gleichgewichtssinns

Ziele für die Eltern:
- Spaß, Neuentdeckung des Balles
- Signale der Kinder wahrnehmen und respektieren

Ziele für die Eltern-Kind-Gruppe:
Gemeinsames Spiel

Material:
Pezzi-Ball, Igelball, Schaumstoffball (groß/klein, uni/bunt), Wasserball

Methode:
- Die Kinder werden mit dem Bauch über den Pezzi-Ball gelegt.
- Mutter oder Vater hüpfen mit dem Kind auf dem Ball.
  Der Igelball wird dem Kind näher gebracht, indem Hände und Füße damit sanft massiert werden.
- Bälle werden hin und her gerollt.
- Schaumstoffbälle können zusammengedrückt oder von den Kindern geworfen werden.

Ablauf:
- Begrüßungslied
- Freispiel mit den Kindern
- Die Kinder können sich an die Bälle herantasten.
- Mütter und Väter haben Zeit, sich über große und kleine Probleme zu unterhalten.

- Die Eltern werden aufgefordert, die Kinder so auf die Bälle zu legen, dass diese sich mit den Füßen abstoßen können.
- Danach setzen sich die Eltern auf den Ball, nehmen ihre Kinder auf den Schoß und hüpfen mit den Kindern gemeinsam vor den großen Spiegeln.
- Wir singen dazu das Lied »Hopp, hopp, hopp, Pferdchen lauf Galopp!« (siehe Seite 126)
- Die Igelbälle werden anschließend zur Massage von Handflächen und Füßen hin und her gerollt.
- Die Kinder dürfen die Igelbälle schließlich selber fühlen, ertasten und schmecken.
- Wir verabschieden uns mit einem Abschiedslied.

Hinweis:
Die Eltern werden gebeten, ihre Kinder sehr genau zu beobachten. Gerade die Massage mit dem Igelball ruft nicht bei jedem Kind ein Wohlgefühl hervor. Wird es dem Kind unangenehm, sollten die Eltern das Spiel sofort unterbrechen.

Thema: »Luftballons«

Ziele für die Kinder:
- Orientierungs- und Steuerungsvermögen ansprechen
- Akustische und optische Erfahrungen ermöglichen

Ziele für die Eltern:
- Anregungen geben, was man mit einem Luftballon alles machen kann

Ziele für die Eltern-Kind-Gruppe:
- Spaß miteinander haben
- Verantwortung für alle übernehmen

 Material:
Erbsen, Nudeln, Reis, Luftballons, Büroklammern, Schnur, zwei Stühle

Methode:
- Luftballons werden mit verschiedenen Materialien gefüllt und aufgeblasen.
- Es wird eine Leine zwischen zwei Stühle gespannt und die Luftballons daran aufgehängt.
- Der mit Reis gefüllte Luftballon wird als Rassel verwendet.

Ablauf:
- Begrüßungslied
- Freispiel mit den Kindern. Einige aufgeblasene Ballons sind auf dem Boden verteilt, sodass die Kinder erste Kontakte knüpfen können.
- Die Eltern haben nun die Möglichkeit, sich zurückzuziehen und ihr Kind in Ruhe zu beobachten oder den einen oder anderen Ballon selbst in die Hand zu nehmen.
- Nach dem Freispiel befestige ich mit Hilfe der anderen Eltern die schon aufgeblasenen und gefüllten Luftballons an einer Schnur im Abstand nebeneinander. Die Schnur wird an zwei Stühlen so befestigt, dass die Ballons sich in Reichweite der Kinder befinden, wenn sie unter diese gelegt werden.
- Die Kinder versuchen mit Händen und Füßen, die Ballons zu berühren.
- Einige wenige aufgeblasene, mit Reis gefüllte Ballons können als Rassel benutzt werden.
- Das Lied »Luftballon, flieg mir doch nicht davon!« rundet die Stunde ab.
- Bevor sich die Gruppe auflöst, singen wir unser Abschiedslied.

Hinweis:
Die Eltern werden gebeten darauf zu achten, dass die Ballons nicht zu fest aufgeblasen sind, damit sie nicht platzen. Sollte es doch einmal geschehen, ist äußerste Vorsicht geboten, dass die Kinder keine kleinen Teile verschlucken.

Thema: »Zusammenfassung und Wiederholung«

Ziele für die Kinder:
- Ohne Anleitung sich frei für das eine oder das andere entscheiden
- Vertiefende Erfahrungen durch Wiederholung

Ziele für die Eltern:
- Eltern sollten selbstständig entscheiden, was sie sich aus dem Angebotenen heraussuchen möchten
- Schulung der Beobachtung im freien Spiel des Kindes
- Bedürfnisse der Kinder bemerken

Ziele für die Eltern-Kind-Gruppe:
Gesammelte Erfahrungen gemeinsam und frei umsetzen

 **Material:**
Pezzi-Ball, Igelball, Schaukeltuch, Luftballon

Methode:
Eltern und Kinder können selbst wählen, wie sie sich beschäftigen (mit meiner Unterstützung)

 Ablauf:
- Begrüßungslied
- Pezzi-Ball, Igelball, Schaukeltuch und Luftballons liegen verteilt auf dem Boden. Die Kinder können krabbelnd, robbend oder in Bauch- und Rückenlage Kontakt zu den Gegenständen aufnehmen.
- Ich fordere die Eltern auf, an dem Spiel ihrer Kinder teilzunehmen. Vielleicht können sie das eine oder andere der letzten drei Gruppenstunden mit ihren Kindern gemeinsam umsetzen.
- In Ruhe und Gelassenheit können die Eltern sich intensiv spielerisch mit dem Kind befassen.
- Gelegentlich biete ich auf Wunsch meine Hilfe an, beschränke mich in dieser Stunde aber primär auf die Beobachtung.
- Eine Viertelstunde vor Ende der Gruppenstunde stimme ich die Lieder der letzten drei Stunden an. Die Eltern stimmen mit ein und den Abschluss bildet das Abschiedslied.

Hinweis:
Wiederholungen sind für alle gleichermaßen wichtig. Die Kinder können ihre Erfahrungen durch Wiederholungen vertiefen, Eltern können lernen, bei gleichen Aktivitäten Unterschiede in der Entwicklung ihrer Kinder festzustellen sowie die erkennende Wirkung der Wiederholung bei den Kindern zu respektieren.

Thema: »Spiele mit dem Spiegel«

Ziele für die Kinder:
Wahrnehmungsfähigkeit anregen

Ziele für die Eltern:
Intensives Beobachten der Kinder und eigene Teilnahme

Ziele für die Eltern-Kind-Gruppe:
Gemeinsames Erleben und Tun

Material:
große Spiegelwand, 4 große Spiegel, Pezzi-Ball, kleine Bälle, Musik

Methode:
- Eltern und Kinder springen, winken, lachen usw. gemeinsam vor dem Spiegel.
- Spiegel auf den Fußboden legen, die Kinder bewegen sich krabbelnd, robbend auf den Spiegel zu oder werden davor gelegt.

Ablauf:
- Begrüßungslied
- Im Freispiel können sich die Kinder mit den auf dem Boden liegenden kleinen Bällen vertraut machen.
- Die Eltern können beobachten oder selbst mitspielen.
- Ich bitte die Eltern, mit ihren Kindern auf den Pezzi-Bällen Platz zu nehmen, damit wir gemeinsam vor dem Wandspiegel nach Musik hüpfen, winken, springen usw. können.
- Die Kinder können nun selber den Spiegel an der Wand entdecken. Sie können vor ihm sitzen, an ihm stehen, sich betrachten oder ihn mit den Händen befühlen.
- Die Eltern können beobachten oder selbst durch den Spiegel mit ihren Kindern Kontakt aufnehmen.
- Nachdem wir den Wandspiegel kennen gelernt haben, begeben wir uns zum Fußboden, auf dem ich mehrere Spiegel verteilt habe. Die Kinder können sich und ihre Mutter im Spiegel betrachten.
- Sie können die Spiegel als glatte Fläche ertasten und ablecken. Dabei werden sie entdecken, wie sie ihre Spucke auf dem Spiegel verreiben können. Finger- und Handabdrücke sind zu erkennen.
- Die Kinder können über die Spiegel rollen, robben oder krabbeln, sich darauf setzen oder legen. Sie fühlen, wie glatt und kalt der Spiegel ist.
- Zuerst wird nur ein Ball, später mehrere kleine Bälle von den Eltern über die Spiegel gerollt. Fasziniert betrachten die Kinder die »Doppelbälle«.
- Nach ausgiebiger Betrachtung endet die Gruppenstunde mit unserem Abschiedslied.

Hinweis:
Anstelle der festen Spiegel kann auch eine Spiegelfolie auf dem Boden ausgebreitet werden.

Der Einsatz von Creme oder Schaum für Kinder dieses Alters stellt eine Überforderung dar. Die Spiegelung aller Dinge ist für ein kleines Kind schon verwirrend genug. Außerdem sind allergische Reaktionen nicht auszuschließen.

4.3 Sinnesanregungen für die Kleinen
1 bis 2 1/2 Jahre

Wenn Eltern, Erzieherinnen und Gruppenleiterinnen den Kindern intensive Wahrneh-
mungserlebnisse ermöglichen wollen, müssen
sie die momentane Befindlichkeit der Kinder
berücksichtigen und auf sie eingehen, denn
Wahrnehmungen werden im Kleinkindalter
anders verarbeitet als in späteren Jahren.
Daher sollte, wer Kindern Sinneseindrücke
vermitteln möchte, bedenken, dass Kinder
völlig anders wahrnehmen als Erwachsene.
Die Erwachsenen sollten sich frei machen von

Erwartungen, wie ein Spiel verlaufen oder eine Anregung aufgegriffen werden
muss. Hier gilt es sich nach dem Angebot einer Aktion zurückzunehmen, die
Kinder zu beobachten und ihre Eigenständigkeit zu respektieren.

   Die Sinne brauchen immer wieder neue Anregungen, um sich weiterzuentwickeln. Daher benötigen die Kinder viele Gelegenheiten zur Sinneswahrnehmung, um all ihre Sinne entfalten zu können. Sehen, Riechen, Hören,
Schmecken und Fühlen müssen Kinder üben, um sich selbst und die Welt entdecken zu können. Die beste Schule der Sinne ist und bleibt die Natur. Sie bietet eine Fülle von Anreizen zur Wahrnehmung, die es wiederzuentdecken gilt.

Entwicklungsschritte im zweiten Lebensjahr:

- Ausdifferenzierung der Feinmotorik
- Erfassen von Entfernungen und Größenverhältnissen
- Bewusstes Experimentieren zur Erkennung von Eigenschaften und
  Merkmalen
- Erleben von Zeit und Strukturen
- Weiterentwicklung der Handlungsfähigkeit im Zusammenspiel von Handeln
  und Denken
- Wiedererkennen und Übertragung
- Ausdifferenzierung der Entwicklung der Sprache und des Sprachverständnisses
  - Lautunterscheidungen
  - Kontrolle der eigenen Aussprache
  - Erweiterung des Sprachschatzes
- Entwicklung des Selbstgefühls und der Selbstständigkeit

Stundenmodell: *nach einer Idee von Christel Schäfer, Duisburg (Eltern-Kind-Gruppe in einer katholischen Familienbildungsstätte)*

»Sinneswahrnehmung, speziell der Tastsinn«

Die Gruppe hat erst vor kurzer Zeit begonnen, sich zu treffen. Die Atmosphäre ist offen, erwartungsvoll, und bisher gab es keine Konflikte. Die Erwachsenen und die Kinder tasten sich noch vorsichtig ab. Da sich die Gruppe in der Kennenlern- und Anfangsphase befindet, möchte ich langfristige Ziele entwickeln. Die genannten Grobziele sollen in Teil- und Feinzielen langsam erreicht werden.

Meine persönlichen Ziele:
O Förderung der Spielfähigkeit und Kreativität bei den Eltern
O Erleben von Ruhe, Entspannung, Konzentration
O Entwicklung eines positiven Gruppengefühls
O Verstehen und Reagieren auf nonverbale Signale von Kindern und Erwachsenen
O Beobachtung des kindlichen Verhaltens (Reflexion)
O Beteiligung an der Lösung von Gruppenproblemen
O Eigene Ansichten ausdrücken können
O Vertiefung der Selbst- und Fremdwahrnehmung

Ziele für die Kinder:
O Entwicklung von Körpergefühl und Körperkontakt
  Gehalten- und Getragenwerden als Basis von Urvertrauen
O Grobmotorische Bewegungskoordination
O Übung der Feinmotorik (manuelle Tätigkeit)
O Erweiterung der sprachlichen Ausdrucksmöglichkeiten
O Wecken von Freude an grob- und feinmotorischen Spiel- und Bewegungsangeboten
O Ansprechen der Sinne (sehen, hören, fühlen, riechen, schmecken, Gleichgewicht, Bewegung)
O Spaß und Freude an anderen Kindern/Erwachsenen
O Langsame soziale Kontaktaufnahme
O Entwicklung von Grundformen eines gemeinsamen Spielverhaltens: zusehen, neben anderen spielen, mit anderen spielen
O Entwicklung und Unterstützung der kindlichen Neugier, Kreativität und Spontaneität

○ Menschen, Dinge, Materialien wahrnehmen, erkennen, wiedererkennen, zuordnen
○ Kleine Abläufe erleben und nachvollziehen

Ziele für die Eltern:

○ Auseinandersetzung mit der eigenen Mutter- bzw. Vaterrolle
○ Öffnung für Kontakte
○ Beteiligung an der Lösung von Gruppenproblemen
○ Entwicklung eines positiven Gruppengefühls
○ Verhaltenssicherheit gegenüber eigenen und fremden Kindern und Erwachsenen entwickeln
○ Entwicklung von Körpergefühl und Körperkontakt als Basis der Kommunikation zwischen Eltern und Kindern
○ Verstehen und Reagieren auf nonverbale Signale
○ Erwerb von Wissen und Erfahrungen über kind- und familienbezogene Themen
○ Wecken von Interesse an der körperlichen und geistig-seelischen Entwicklung der Kleinkinder
○ Reflexion des eigenen und fremden Erziehungsverhaltens
○ Beobachten des kindlichen Verhaltens in der Gruppe
○ Befähigung, einzelne Gruppenaktivitäten mitzuplanen und mitzugestalten

Thema und Zielsetzung für die Reihenplanung:

Es geht um Förderung der Sinneswahrnehmung, speziell des Tastsinns. Ab dem 2. Lebensjahr entwickelt das Kind zunehmend ein Bewusstsein für seinen eigenen Körper. Es kann sich auf bestimmte Körperteile konzentrieren und beginnt seine Körpergrenzen zu erfassen. Das Vorstellungsbild seines Körpers nimmt innerhalb des Gehirns langsam Formen an. Im Gehirn werden vielfältige Informationen gespeichert, die das Kind später zur Planung und Lenkung seiner Körperbewegungen gebrauchen kann. Tasterlebnisse ermöglichen dem Kind zu begreifen, wo sein Körper beginnt und wo er aufhört.

>*»Ohne ausreichende taktile Stimulierung*
>*des Körpers tendiert das Nervensystem dazu,*
>*aus dem Gleichgewicht zu kommen.«*
>(Jean Ayres)

Thema: »Körperstreicheln«

Ziele:

- Das Kind soll Berührungen lokalisieren können. Das Hauterlebnis beim Körperstreicheln soll ihm ermöglichen, zu begreifen, wo sein Körper beginnt und wo er aufhört (Körperschema).
- Körperkontakt als Basis der Kommunikation zwischen Eltern und Kindern
- Erleben von Ruhe, Entspannung und Konzentration
- Verstehen und Reagieren auf verbale und nonverbale Signale.

Material:
Bär, Tücher, Federn, Watte, Blätter, Stoff u. a., Spielteppich oder Matten, Schaukeldecke, Schwungtuch

Ablauf:

Begrüßungszeremonie
Begrüßungslied mit dem Bären:
Ich will euch begrüßen und das mach ich so!
Das Bärchen begrüßt persönlich jedes Kind.

Freispiel (ca. 30 Minuten)
Verschiedene Spielsachen stehen bereit.

Mittelteil: Körperstreichelaktion (ca. 20 Minuten)
Die Erwachsenen haben Tücher, Federn, Watte, Blätter, Stoff und der gleichen mitgebracht. Der Raum ist geheizt, die Kinder sind leicht bekleidet und liegen vor den Eltern auf den Matten. Die Eltern streicheln die Kinder mit den unterschiedlichen Materialien und benennen dabei die Körperteile.

Zum Abschluss werden die Kinder mit den Händen massiert. Dazu singen die Eltern das Streichellied:

Wo ist der Kopf? Fassen wir ihn an,
woll´n mal sehn, ob man ihn streicheln kann.
Streicheln, streicheln wollen wir den Kopf.
Streicheln, streicheln wollen wir ihn zusammen.
Wo ist der Arm? Fassen wir ihn an,
woll´n mal sehn, ob man ihn streicheln kann.
Streicheln, streicheln wollen wir den Kopf.
Streicheln, streicheln wollen wir ihn zusammen.
Wo ist der Bauch? Wo ist das Bein? (usw.)

Ende der Streicheleinheit mit einem Bewegungslied: *Meine Hände sind verschwunden* (siehe Seite 127).

Die Hände werden erst hinter dem Rücken versteckt und dann lustig drehend wieder hervorgeholt. Die einzelnen Körperteile der nächsten Strophen werden mit den Händen versteckt und dann wieder frei gegeben. Dabei machen die Eltern es ihren Kindern vor und animieren sie, es ihnen nachzutun.

Imbisspause (ca. 10 Minuten)

Bewegungsspielrunde (ca. 20 Minuten)
- Die Kinder werden in der Decke abwechselnd von den Erwachsenen geschaukelt.
- Mit dem Schwungtuch lassen die Eltern einen leichten Wind über die Kinder wehen. Später wird die Brise immer stärker. Federn, Blätter und Watte wehen auf dem Tuch und fallen schließlich auf die Kinder herunter. Zum Schluss kommt der Sturm. Die Kinder krabbeln, laufen und toben unter dem Tuch herum.

Abschlusskreis (ca. 10 Minuten)
2 bis 3 bekannte Bewegungslieder, zum Schluss das Lied »*Alle Leut'*« (siehe Seite 124)

Thema: »Handabdrücke«

Ziele:
- Das Kind soll ein Gespür für seinen Körper bekommen.
- Das Kind kann sich auf einen bestimmten Körperteil konzentrieren.
- Die Eltern erfahren, dass Kinder zunächst ein inneres Vorstellungsbild ihres Körpers entwickeln müssen. Eltern müssen sich gemäß dem Entwicklungsstand des Kindes auf ihr Kind einlassen und schauen, wie es für das Kind am besten ist, den Hand- oder Fußabdruck zu nehmen. Bei Krabbelkindern kann es sein, dass sie die Hand ganz fest zur Faust ballen.
- Eltern sollen sich sensibel auf die Befindlichkeit ihres Kindes einstellen und mit viel Ruhe und Geduld mit ihm gemeinsam experimentieren.
- Den Hand- bzw. Fußabdruck des Kindes festhalten als Momentaufnahme im Wachstum des Kindes – Gemeinsam die Aktion mit Spaß erleben.
- Eltern und Kinder arbeiten zusammen und konzentrieren sich auf ein gemeinsames Tun.

Material:
Bär, Tapetenrolle, weißes oder helles DIN A3-Tonpapier, kleine Plastik-deckelchen, Fingerfarben, Lappen, Kittel, Klebestreifen, Heftzwecken, Schwungtuch, Decke

Ablauf:

Begrüßungszeremonie
Begrüßungslied mit dem Bären:
Ich will euch begrüßen und das mach ich so!
Das Bärchen begrüßt persönlich jedes Kind.

Freispiel (ca. 30 Minuten)
Verschiedene Spielsachen stehen bereit

Mittelteil: Handabdrücke (ca. 20 Minuten)
Die Tapetenrolle wird an die Wand gehängt oder auf den Boden gelegt. Die Kinder haben entweder alte Sachen an oder bekommen einen Kittel übergezogen. In die Plastikdeckelchen kommt ein wenig Farbe und die Kinder dürfen damit nach Herzenslust matschen und die Farbe mit den Fingern auf die Tapete schmieren.

Anschließend helfen die Erwachsenen den Kindern, ihre ganze Handfläche anzumalen und auf ein neues weißes Plakat zu drücken. Auch die Eltern machen einen Händeabdruck auf das Plakat. Dies wird ein gemeinsames Bild für den Gruppenraum.

Imbisspause (ca. 10 Minuten)

Bewegungsspielrunde (ca. 20 Minuten)
● Fingerspiele passend zum Thema Hand, z. B. *Meine Hände sind ver-schwunden* (siehe Seite 127), *Was machen wir so gerne hier im Kreis* (siehe Seite 127).
● Schwingen und schaukeln in der Decke, wie in der letzten Stunde.

Abschlusskreis (ca. 10 Minuten)
● Je nach Alter der Kinder:
1, 2, 3 im Sauseschritt, Das Karussell (siehe Seite 126)
Leise, leise wie die Katzen schleichen (siehe Seite 115)
● Abschlusslied: *»Alle Leut'«* (siehe Seite 124)

Thema: »Steine als Handschmeichler«

Ziele:

- Die Kinder sollen verschieden Oberflächenstrukturen, unterschiedliche Größen und Gewichte von Kieselsteinen und anderen kleinen Steinen fühlen und spüren.
- Die Eltern erfahren, dass die Kinder über das manuelle Greifen und Tasten zum Begreifen kommen. Sie sehen, dass dazu nicht zwangsläufig teures Spielzeug verwendet werden muss, sondern in der Natur jede Menge Dinge erforscht werden wollen.
- Das Be-Greifen und die sprachliche Entwicklung stehen in einem engen Zusammenhang. Die Eltern fühlen mit den Kindern die Steine an und sprechen über ihre Eigenschaften. So wird der Wortschatz des Kindes erweitert.
- Beobachten der eigenen und der anderen Kinder beim Hantieren mit den gesammelten Steinen.

Material:
Bär, Steine, Schaukeldecke, Blätter, Schwungtuch

Ablauf:

Begrüßungszeremonie
Begrüßungslied mit dem Bären:
Ich will euch begrüßen und das mach ich so!
Das Bärchen begrüßt persönlich jedes Kind.

Freispiel (ca. 30 Minuten)
Verschiedene Spielsachen stehen bereit.

Mittelteil: Steine fühlen (ca. 20 Minuten)
- Kinder und Eltern sitzen im Kreis und haben verschiedene Steine mitgebracht: lange, runde, helle, dunkle, glatte, glänzende, raue, matte usw.
- Jedes Kind darf sich einen Stein aussuchen, anfühlen, betrachten und wie der austauschen.
- Lied: Steine lang und Steine rund
- Spiel: Steine tauschen

Imbisspause (ca. 10 Minuten)

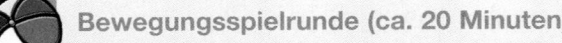

Bewegungsspielrunde (ca. 20 Minuten)

- Schwingen und schaukeln in der Decke, wie in der letzten Stunde
- Schneckenlied in der Schaukeldecke
- Mit dem Schwungtuch lassen die Eltern einen leichten Wind über die Kinder wehen. Die Brise wird immer stärker. Die Blätter wehen auf dem Tuch und fallen schließlich auf die Kinder herunter. Zum Schluss kommt der Sturm. Die Kinder krabbeln, laufen, toben unter dem Tuch herum.

Abschlusskreis (ca. 10 Minuten)

- Je nach Alter der Kinder:
1, 2, 3 im Sauseschritt, Das Karussell (siehe Seite 126)
Wir haben eine Ziehharmonika (siehe Seite 128)
- Abschlusslied: *»Alle Leut'«* (siehe Seite 124)

Thema: »Fühlstraße«

Ziele:

- Die Kinder haben Freude an der Tasterfahrung mit den nackten Fußsohlen, bzw. die kleineren Kinder haben Freude am Ertasten der Gegenstände mit den Händen.
- Kreativität wecken: Welche unterschiedlichen Materialien können hier zusammengetragen werden, um den Kindern interessante Sinneseindrücke zu vermitteln? Die Erwachsenen zum Mitmachen animieren.
- Eltern und Kinder tauschen sich gemeinsam über die Fühlerlebnisse auf der Taststraße aus.
- Spaß am gemeinsamen Aufbau und beim Ausprobieren der Fühlstraße.

Material:

Bär, Kissen, Steine, Fell, Wolle, Watte, Blätter, Kastanien usw., flache Pappkartons, Holzkisten oder Plastikwannen, Teppichfliesen, Schaukeldecke

Ablauf:

Begrüßungszeremonie

Begrüßungslied mit dem Bären: *Ich will euch begrüßen und das mach ich so!* Das Bärchen begrüßt persönlich jedes Kind.

Freispiel (ca. 30 Minuten)

Verschiedene Spielsachen stehen bereit.

Mittelteil: Fühlstraße (ca. 20 Minuten)

● Verschiedene Materialien werden zusammengetragen (Steine, Blätter, Kastanien u.a.) und in die Kisten oder Pappkartons gelegt.

● Kissen, Felle und Teppichfliesen unterschiedlicher Beschaffenheit (rau, samtig, dicker Flor, Sisal, künstliche Grasmatte usw.) werden ausgelegt. Nachdem die Kinder mit den Händen alles ertastet haben, wird alles hintereinander als eine lange Fühlstraße ausgelegt. Kinder und Erwachsene laufen nun mit nackten Füßen über den Parcours. Die Eltern werden angehalten, mit ihren Kindern langsam und bedächtig alles mit den Füßen und Zehen zu erforschen. Auch Krabbelkinder können diese Fühlstraße zum Ertasten und Erkunden nutzen. Mit nackten Beinchen und Füßen erleben sie diesen Parcours der unterschiedlichen Sinneswahrnehmungen.

Imbisspause (ca. 10 Minuten)

Bewegungsspielrunde (ca. 20 Minuten)
ringel-rangel-rose, Das Karussell (siehe Seite 126)
Leise, leise wie die Katzen schleichen (siehe Seite 115)
10 kleine Zappelmänner
Wir haben eine Ziehharmonika (siehe Seite 128)

Abschlusskreis (ca. 10 Minuten)
Schaukeln in der Decke, Abschlusslied: *»Alle Leut'«* (siehe Seite 124)

Thema: »Kneten mit Ton«

Ziele:

● Die Beschaffenheit des Tons fühlen, Spaß am Begreifen und Hantieren mit dem kühlen Etwas.

● Keine vorgedachten Formen oder Produkte von den Kleinkindern erwarten und nicht selber vormachen, Zeit zum Experimentieren lassen

● Genießen von Ruhe und Entspannung beim Spielen

● Beobachten des eigenen Kindes und der anderen Kinder beim Kneten mit Ton

Material:
Bär, Ton, evtl. Wassertöpfchen, Tamburin, Triangel, Teppichfliesen

Ablauf:

Begrüßungszeremonie
Begrüßungslied mit dem Bären:
Ich will euch begrüßen und das mach ich so!
Das Bärchen begrüßt persönlich jedes Kind.

Freispiel (ca. 30 Minuten)
Verschiedene Spielsachen stehen bereit.

Mittelteil: Matschen mit Ton (ca. 20 Minuten)
Kinder und ihre Eltern sitzen an einem großen Matschtisch und »arbeiten« mit Ton: kneten, schlagen, formen, fühlen, auseinander pflücken, klopfen usw. (Die kleineren Kinder sitzen auf dem Schoß ihrer Eltern.)

Imbisspause (ca. 10 Minuten)

Bewegungsspielrunde (ca. 20 Minuten)
Die Erwachsenen laufen mit den Kindern an der Hand oder auf dem Arm durch den Raum. Nach dem Rhythmus von Tamburin oder Triangel laufen sie schnell, langsam, leise oder stampfen. Auf ein Signal hin setzen sich alle auf den Boden oder auf eine Bank. Zum Schluss werden noch einmal die Teppichfliesen der letzten Stunde ausgelegt und alle laufen barfuß darüber.

Abschlusskreis (ca. 10 Minuten)
Je nach Alter der Kinder:
- *1,2,3 im Sauseschritt,*
  Das Karussell (siehe Seite 126)
  Wir haben eine Ziehharmonika (siehe Seite 128)
- Abschlusslied: *»Alle Leut'«* (siehe Seite 124)

Stundenmodell: *nach einer Idee von Dorothea Lüke, Schloß Holte Stukenbrock (Eltern-Kind-Gruppen in Träger schaft der kfd – Kath. Frauengemeinschaft Deutschlands – in der Kirchengemeinde)*

»Den Herbst mit allen Sinnen erfahren«

Unsere Eltern-Kind-Gruppe findet im Pfarrzentrum in einem Gruppenraum statt, der auch von anderen Gruppen der Gemeinde genutzt wird. Der Raum ist groß, jedoch mit riesigen Schrankwänden ausgestattet, sodass eine gemütliche Atmosphäre nur schwer herzustellen ist. Die Eltern-Kind-Gruppen verfügen über einen eigenen Spielzeug- und Materialschrank, einen großen Spielteppich, Kindertische und -stühle sowie große Tische und Stühle.

In die Gruppe kommen neun Mütter mit ihren Kindern und eine Oma, die ihr Enkelkind betreut, da die Mutter berufstätig ist. Die Kinder sind zwischen 13 und 20 Monaten alt und können bis auf das Jüngste alle laufen.

Die Reihenplanung beschäftigt sich mit dem Thema, den Herbst mit allen Sinnen zu erfahren. Mein Ziel ist es, mit den Kindern anschaulich und einfühlsam wichtige Elemente des Herbstes kennen zu lernen. In jeder Stunde werde ich sowohl die Kinder als auch die Mütter für sich und im Miteinander beobachten und im Anschluss daran meine Feststellungen in die weitere Planung mit einfließen lassen. Die Planung verstehe ich als groben Rahmen, den ich aus verschiedenen Gründen auch verlassen kann:

○ Die Gruppe äußert Wünsche zum Thema, zur Beschäftigung. Ist die Notwendigkeit für mich einsichtig, werde ich meinen Plan ändern.

○ Ich stelle fest, dass ein bestimmtes Thema für die Gruppe sehr wichtig ist und wir uns zunächst darauf konzentrieren müssen.

○ Der Entwicklungsstand/die Interessenlage der Kinder verändert sich und meine Planung entspricht momentan nicht mehr den Bedürfnissen der Kinder.

Meine persönlichen Ziele:

○ Die Mütter sollen andere in gleich schwierigen oder zumindest neuen Situationen kennen lernen. Sie sollen sich austauschen, dabei Ursachen von Problemen erkennen und Lösungen suchen.

○ Die Mütter sollen ihre eigenen Möglichkeiten erkennen und auszuschöpfen versuchen.

○ Die Kinder sollen von informierten, ausgeglicheneren Müttern profitieren.

○ Die Kinder sollen ihre Mütter einmal pro Woche 1 1/2 Stunden für sich haben.

○ Ein mir wichtiger Punkt ist das Erkennen von Problemen meiner Kursteilnehmerinnen und das eventuelle Aufspüren von Lösungen durch Beobachten. Der Umgang mit Erkenntnissen muss sehr vorsichtig gehandhabt wer den und kann vielleicht in bestimmten Spielen, Gesprächsangeboten o. Ä. umgesetzt werden.

Ziele für die Kinder:

○ Die Kinder, gerade Einzelkinder oder Kinder mit großem Abstand zu den älteren Geschwistern, können Kontakte zu Gleichaltrigen knüpfen. Spielen die Kinder anfangs zwar nebeneinander, so beobachten sie doch sehr genau und kommen z. B. auch über das Streiten (ein Spielzeug für zwei) zusammen. Das Ausfechten dieser Rangeleien ist ein ganz wichtiger Lernschritt in den Gruppen.
○ Durch das Angebot verschiedener Materialien, Spielformen und Bewegungsmöglichkeiten können die individuellen Fähigkeiten gefördert werden. Im Vordergrund steht für mich jedoch immer das Kennenlernen und Ausprobieren, z. B. bei verschiedenen Malmaterialien, und nicht das Ergebnis.
○ Die Eltern-Kind-Gruppen verstehe ich nicht als Vorbereitung auf die Kindergartenzeit, sondern als Platz zum Spaß haben, für Kreativität und das Gefühl, Zuwendung genießen zu können.

Ziele für die Eltern:

○ Die Eltern können Kontakte zu anderen Familien knüpfen. Wenn die Kinder einer Gruppe altersgleich sind, ergeben sich daraus schnell die gleichen Interessen- oder Problemsituationen für die Eltern.
○ Die Eltern beobachten andere Gruppenmitglieder und deren Erziehungsverhalten und beginnen häufig, ihr eigenes Verhalten zu überdenken. Sie haben auch die Möglichkeit, im Rahmen des Kurses Neues auszuprobieren und sich dann mit den anderen auszutauschen.
○ Wichtig ist mir pro Quartal mindestens ein Elternabend, um mit den Müttern/Vätern in Ruhe reden zu können. Oft kann man in dieser Runde Anregungen, Wünsche oder Kritik wesentlich besser anbringen als am Vormittag mit Kinderlärm im Hintergrund.
○ Die Eltern sollen aus den Gruppenstunden Anregungen zu verschiedensten Themen mit nach Hause nehmen, sei es im Bereich der Lieder und Fingerspiele, bei kreativen Tätigkeiten oder im Alltag mit ihren Kindern.
○ Ich wünsche mir, dass in der Gruppe eine vertrauliche Atmosphäre herrscht, in der sich alle in ihrer Art angenommen fühlen und offen sein können.

Ablauf:

Der Ablauf der Gruppenstunden ist sowohl von der Reihenfolge als auch von der Zeiteinteilung immer gleich:
○ Wir beginnen mit dem *Freispiel*, das ausgewählte Spielzeug ist auf dem

Teppich verteilt. Die Kinder, Mütter und auch ich haben so Gelegenheit, im Gespräch oder beim Beobachten miteinander warm zu werden. Nach ca. 20 Minuten räumen wir das Spielzeug auf und setzen uns im Kreis auf den Teppich.

○ In unserem *Begrüßungslied* wird jedes Kind namentlich genannt. Dann folgen einige Lieder aus unserem Repertoire, deren Reihenfolge z. T. ganz genau festgelegt ist. Neue Lieder oder auch für die momentane Situation wichtige Lieder füge ich anschließend hinzu.

○ Nach ca. 15 Minuten (oder entsprechend den Gegebenheiten) beginnt das *gemeinsame Frühstück*.
Hier haben nun die Mütter ausreichend Gelegenheit sich auszutauschen, und ich kann alle wichtigen Punkte in dieser Runde ansprechen.

○ Nach ca. 15 Minuten räumen wir auf und beginnen mit unserer *Aktion*. Diese ist meist mit 20 Minuten bemessen, muss jedoch manchmal ausgedehnt oder verkürzt werden. Sind einzelne Kinder nicht mehr interessiert, biete ich ihnen Bilderbuchbetrachtungen oder Malstifte an.

○ Die verbleibende Zeit füllen wir im *Abschlusskreis* mit Bewegungsspielen, Fingerspielen, Kreisspielen und was uns sonst noch einfällt.

○ Im Anschluss wird gemeinsam aufgeräumt und ausgefegt.

 Lieder (allgemein):
Begrüßungslied *»Guten Morgen«*
Abschlusslied *»Alle Leut´«* (siehe Seite 124)
»Da oben auf dem Berge«
»Was spielen wir so gerne hier im Kreis«
»Meine Hände sind verschwunden« (siehe Seite 127)

Bewegungslieder:
»Große Uhren«
»Wir gehen jetzt im Kreise«
»1, 2, 3 im Sauseschritt«

 Neue Lieder und Fingerspiele:
»Der Herbst, der Herbst«
»Steigt ein Büblein auf den Baum«
»Ich hol mir eine Leiter«
»Laterne, Laterne«
»Ich geh mit meiner Laterne«
»Rolle, rolle, rolle, der Tisch ist volle«

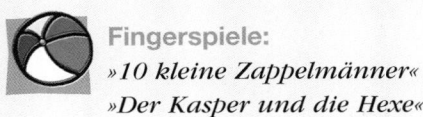

Fingerspiele:
»10 kleine Zappelmänner«
»Der Kasper und die Hexe«

Thema: »Kastanienbad«

Ziele:
● Es werden die Früchte des Herbstes bewusst erlebt, Waldspaziergänge werden unternommen.
● Jede Familie muss sich beteiligen und ist für das Gelingen mitverantwortlich.
● Die Kinder erleben den Herbst »hautnah«, machen Körpererfahrungen.
● Die Kinder können die Kastanien ertasten, fühlen etc.
● Sie können mit den Kastanien experimentieren, können sie in Gefäße füllen, umfüllen, ausschütten etc.

Methode:
● Wasserplanschbecken mit Kastanien füllen, Schuhe (oder auch weitere Kleidungsstücke) ausziehen und hineinsteigen, springen, rutschen, liegen etc.
● Kastanien in Gefäße füllen, kullern, etc.

Material:
Kastanien in der Schale, Kastanien eimerweise (von den Eltern mitgebracht), kleine Gefäße, Becher, Schalen etc., Liederzettel mit den neuen Herbstliedern

Ablauf:
Vorbereitung:
Planschbecken mit Kastanien im Nebenraum bereitstellen, Spielzeug (Nopper, Pappbilderbücher vom Herbst etc.) auf dem Teppich verteilen.

Freispiel:
dabei Begrüßung jeder einzelnen Mutter, jedes einzelnen Kindes.

Begrüßungsrunde:
● Guten Morgen-Lied – Lieder nach Wünschen/Bedürfnissen der Kinder ausgerichtet.
● Ballspiel mit Namensnennung – Wiederholung der Namen nach den Herbstferien.

Hinführung zum Thema »Herbst«:
Einführung des Fingerspiels »Steigt ein Büblein auf den Baum«

Frühstück:
Informationen an die Mütter zum Thema und zur Planung der nächsten Gruppenstunde, alle bringen bitte viele bunte Herbstblätter mit.

Aktion:
Erklärung der Zielsetzungen und der Vorgehensweise für die Mütter. Wichtig: die Kinder selbstständig probieren lassen. Kinder können im Planschbecken mit den Kastanien spielen oder mit den bereitgestellten Gefäßen.

Abschlussrunde:
Kurze Reflexion und Einführung des neuen Liedes »Der Herbst ist da«, weitere Lieder nach Wunsch, Abschlusslied. Aufräumen: alle zum Mithelfen animieren.

Thema: »Herbstblätter«

Ziele:
- Erkenntnis: bunte Blätter gehören zum Herbst.
- Den Tastsinn anregen, Blätter fühlen.
- Den Hörsinn ansprechen, mit den Blättern rascheln.
- Bewegungserfahrungen mit den Blättern, grobmotorische Anregungen.
- Blätter einfüllen, ausschütten.

Methode:
- Wir rascheln mit den Blättern.
- Wir lassen die Blätter regnen.
- Wir bewegen uns mit den Blättern.

Material:
von allen mitgebrachte frische Blätter, eine große Plastikwanne, große und kleine Kartons

Ablauf:
Vorbereitung:
Spielzeug (Holzbausteine, Pappbilderbücher zum Thema Bäume, Blätter etc.) auf dem Teppich verteilen, Wanne und Kartons im Nebenraum bereitstellen.

Freispiel:
Begrüßung, Beobachten der Situation von Kindern und Müttern.

Begrüßungsrunde:
Guten Morgen-Lied – Lieder nach Wunsch

Hinführung zum Thema »Blätter im Herbst«
Liedeinführung »Der Herbst, der Herbst«

Frühstück:
Erklärung der folgenden Aktion für die Mütter, Umreißen des Themas der nächsten Gruppenstunde, alle bringen bitte getrocknete Blätter mit.

Aktion:

Alle mitgebrachten Blätter in eine große Plastikwanne füllen, die Kinder mit den Blättern spielen lassen, die Blätter aus- und einräumen, die Blätter regnen lassen, sich mit den Blättern zudecken etc.

Abschlussrunde:

ruhige Fingerspiele nach der Bewegungsaktion, Lieder nach den Wünschen/Bedürfnissen der Kinder ausgerichtet, Abschlusslied. Aufräumen: gemeinsam mit allen.

Thema: »Herbstbild«

Ziele:
● Wiederholungserfahrung im Umgang mit Kastanien und Blättern.
● Den Bewegungssinn ansprechen mit Blättern, Werfen, Toben, Springen.
● Den Tastsinn anregen, Blätter fühlen, mit Kleister matschen.

Methode:
● Wir spielen mit den Blättern aus der letzten Stunde.
● Einführung des Materials Kleister.
● Wir kleben mit bunten Blättern ein Bild.

Material:
Blätter im Karton (von der letzten Stunde - nunmehr halb getrocknet), von allen mitgebrachte getrocknete gepresste Blätter, weißes Papier, Kleister, kleine Jogurtbecher, einige Malkittel, Schnur, Wäscheklammern

Ablauf:

Vorbereitung:

Spielzeug (Kastanien aus der ersten Stunde und dazugehörige Gefäße) auf dem Teppich verteilt, Zusammenstellen der Materialien für die Klebearbeit (zur Seite stellen).

Freispiel:

Begrüßung, Beobachten der Situation von Kindern und Müttern.

Begrüßungsrunde:

Guten Morgenlied – Lieder nach Wunsch
Wiederholung des neuen Liedes »Der Herbst, der Herbst«.

Frühstück:

Erklärung der folgenden Aktion für die Mütter, Umreißen des Themas der nächsten Gruppenstunde, alle bringen bitte ein leeres Marmeladenglas mit.

Aktion:

Spielen mit den Blättern aus der letzten Stunde, anschließend:

● Malkittel zur Verfügung stellen, Kleister in kleine Joghurtbecher füllen, Papier ausbreiten. Erklären der Vorgehensweise: Kinder dürfen mit den Fingern mit dem Kleister matschen, die Blätter oder auch nur das Papier mit Kleister beschmieren etc., es muss kein gegenständliches Bild entstehen, die Kinder dürfen die Blätter aufkleben, wie sie möchten.
Beobachten: Welche Kinder sind noch überfordert?

● Wir hängen die Bilder mit Wäscheklammern zum Trocknen an eine Schnur.

Abschlussrunde:

(nach dem Sitzen) Bewegungsspiele, Lieder nach Wünschen/Bedürfnissen, Abschlusslied. Aufräumen: mit allen gemeinsam.

Thema: »Tischlaterne«

Ziele:
- Wir basteln einfache Laternen und lassen sie dann leuchten (in der Gruppe, zu Hause).
- Der Tastsinn der Kinder wird angeregt.
- Wiederholungserfahrung mit dem Material Kleister.
- Die Fingerfertigkeit und die Feinmotorik wird geschult.

Methode:
- Die Kinder üben Papier zu reißen.
- Die Kinder können mit Kleister matschen und schmieren.
- Wir basteln eine Tischlaterne.

Material:
Farbiges Transparentpapier, Kleister, Jogurtbecher, Malkittel, von allen mitgebrachte Marmeladengläser (von mir einige zur Reserve), Teelichter, Streichhölzer, eine von mir bereits fertiggestellte Tischlaterne als Muster

Ablauf:

Vorbereitung:
Spielzeug (Duplosteine, Pappbilderbücher vom Herbst etc.) auf dem Teppich verteilt, Materialien für die Bastelaktion im Nebenraum bereitgestellt

Freispiel:
Begrüßung, Betrachten der fertigen Herbstbilder an der Schnur als Zimmerdekoration

Begrüßungsrunde:
Hinführung zum Thema Laternen, Lichter etc.
Guten Morgen-Lied – Lieder nach Wunsch.

Frühstück:
Erklärung der folgenden Aktion für die Mütter, Planung der nächsten Gruppenstunde, wer bringt was zum gemeinsamen Herbstfrühstück mit? Jede Familie bringt ihr eigenes Geschirr mit.

Aktion:
- Informationen zur Vorgehensweise geben, fertige Laterne zeigen, Malkittel zur Verfügung stellen, Kleister in kleine Joghurtbecher füllen,

Transparentpapier in kleine Stücke reißen (wird den Kindern erleichtert, wenn das Transparentpapier vorher in dünne Streifen geschnitten wurde), Schnipsel mit dem Kleister auf die Marmeladengläser kleben. Die Kinder selbstständig matschen und kleben lassen, auch wenn es den Müttern schwer fällt.

- Wir lassen unsere Laternen leuchten und dabei singen wir.
- Einführung der neuen Lieder »Laterne, Laterne«, »Ich geh mit meiner Laterne«.

Abschlussrunde:
Bewegungslieder (nach dem langen Sitzen und Sich-Konzentrieren), Abschlusslied. Aufräumen: dabei nochmaliges Erinnern an die nächste Gruppenstunde mit dem gemeinsamen Frühstück.

Thema: »Herbstfrühstück«

Ziele:
- Früchte des Herbstes kennen lernen.
- Mit Naturmaterialien spielen.
- Den Geschmacks- und Geruchssinn anregen.
- Wertschätzung der selbst gebastelten Dekorationen.

Methode:
- Gemeinsames Vorbereiten, Tischdecken und Essen des Frühstücks

Material:

- Naturmaterialien, Gefäße, Lastautos
- Die Mütter bringen nach Absprache Herbstfrüchte mit (Äpfel, Birnen, Weintrauben, Pflaumen, Möhren, Kohlrabi etc.)
- Jede Familie hat ihr Geschirr dabei.
- Tischdecken und Servietten, Platten und große Teller

Ablauf:
Vorbereitung:
Pappbilderbücher zu den Themen Herbst und Früchte, Kastanien, Eicheln, Blätter, Steine, etc., Gefäße und Lastautos auf dem Teppich verteilen, Tische und Stühle stellen

Freispiel:
Begrüßung, Hinweis auf das Spielen mit Naturmaterialien, Betrachten der Herbstbilder und der fertigen Tischlaternen

Begrüßungsrunde:
Guten Morgen-Lied – Lieder nach Wunsch

Frühstücksaktion:
● Gemeinsames Tischdecken, Herbstfrüchte auf Platten und Teller verteilen, Betrachten und Benennen der Früchte, Tischlaternen in die Mitte stellen
● Einführung des Frühstücksspruchs »Rolle, rolle, rolle, der Tisch ist volle«
● Gemeinsames Frühstück mit anschließenden Laternenliedern

Abschlussrunde:
Kurze Reflexion zur Reihenplanung, Bewegungsspiele, Lieder nach Wunsch, Abschlusslied. Aufräumen mit allen gemeinsam.

4.4 Sinnesanregungen für die Großen
2 bis 3 1/2 Jahre

Wenn Kindern die Möglichkeit gegeben wird, alle ihre Sinne zu gebrauchen und zu entfalten, werden sie lernen, ihre Wahrnehmungen zu vergleichen und zu ordnen. Nur was der Mensch mit allen Sinnen wahrnimmt, wird er auch in seiner Ganzheit und Vielseitigkeit verstehen.

Die Entwicklung der Wahrnehmung ist ein Prozess, der im Grunde nie zum Stillstand kommt. Denn auch der erwachsene Mensch übt sich noch ständig in der Unterscheidung von neuen optischen und akustischen Signalen, von Geschmacks-, Geruchs- und Tastempfindungen. Denn die Aufnahmefähigkeit der Sinnesorgane wächst in dem Maße, indem sie gefordert werden. Die Wahrnehmungsfähigkeit kann also geschult werden, indem neue Anregungen gegeben werden, die die Aufmerksamkeit in eine bestimmte

Richtung lenken. Und mit der Vielfalt sinnlicher Erfahrungen werden Menschen beweglich an Körper, Geist und Seele.

Daher sollten Eltern zusammen mit ihren Kindern immer wieder neu entdecken, wie spannend die Welt ist, wenn wir sie mit offenen Sinnen erleben.

Entwicklungsschritte im dritten Lebensjahr

- Ausdifferenzierung der Feinmotorik
- Kontrolle der Handbewegungen durch die Augen
- Gezielte Betrachtung und Beobachtung von Details
- Erkennen von Farben und deren Zuordnung
- Differenzierung von Orientierungsvorgängen
- Erweiterung des Wortschatzes
- Gegenseitige Bedingung von Spracherwerb und Denkfähigkeit
- Vergleichen, Zusammenhänge erkennen, Verallgemeinerungen finden
- Einbeziehen von Vergleichsmustern und Vorstellungen
- Unterscheidung zwischen Phantasie und Wirklichkeit
- Weiterentwicklung des Selbstgefühls hin zur Selbstständigkeit

Stundenmodell: *nach einer Idee von Kerstin Bögards, Duisburg (Eltern-Kind-Gruppen in einer Kath. Familienbildungsstätte)*

»Matschen mit Kleister«

Thema und Zielsetzung der Reihenplanung:

Anregung für meine Idee, über fünf Gruppenstunden mit den Kindern und ihren Müttern mit Kleister zu matschen, war ein Gespräch mit einer Mutter während der Gruppenstunde. Sie erzählte mir, dass ihr Kind im Moment sehr viel mit seinem Essen matschen würde. Sogar die Nudeln würde es mit der Hand aus der Suppe fischen. Auch andere Mütter bestätigten, dass die Matscherei mit dem Essen im Moment ein großes Thema in den Familien sei.

Ich schlug den Müttern vor, während der Gruppenstunden mit den Kindern ausgiebig zu matschen und ihnen Ideen für zu Hause mitzugeben. So hätten die Kinder die Möglichkeit, mit anderen Sachen zu matschen und bräuchten dies nicht mehr mit dem Essen zu tun. Ich erklärte den Müttern, wie wichtig es für die Kinder in dieser Altersphase ist, intensiv zu matschen und welche Erfahrungen sie dabei machen können. Ich schlug vor, zu diesem wichtigen Thema einen Elternabend durchzuführen, an dem wir gemeinsam überlegen, warum es so wichtig ist, den Kindern das Matschen zu erlauben. Mit diesem

Elternabend hoffe ich den Konflikt mit der Frage: »Müssen wir denn wirklich so viel matschen?« erst gar nicht aufkommen zu lassen. Vielleicht können die Eltern an einem solchen Abend auch einmal selbst das Gefühl für das Matschen ausprobieren. Man könnte daraus natürlich auch ein Familientreffen ableiten, sodass die ganze Familie am Matscherlebnis teilhaben kann.

Ich habe mir Kleister als Matschhilfe ausgesucht, da es vollkommen unproblematisch ist, Kleister abzuwaschen oder aus der Kleidung zu entfernen. Auch für die Haut ist er gut verträglich.

Mein Ziel ist es, dass die Mütter offener werden, da mir schon öfters aufgefallen ist, dass sie ihren Kindern sofort nach dem Malen die Hände waschen oder es ihnen gar nicht erst erlauben, die Finger schmutzig zu machen. Daher hielt ich die Gelegenheit für günstig.

Die Kinder werden nicht nur die Möglichkeit haben zu fühlen, zu tasten und zu matschen, sondern alle ihre Sinne werden auf vielfältige Weise angesprochen. Sehen, hören, sich bewegen und soziale Erfahrungen machen gehören genauso dazu wie die Hand- und Fingermotorik zu verfeinern.

Bei den Eltern kann man sehr viel Verständnis für das Matschen erreichen, wenn man auf all diese Erfahrungen hinweist und erklärt, dass das Fühlen von unterschiedlichen Materialien den Kindern hilft, Gefühle zu entwickeln, oder dass das Greifen zum Begreifen von wichtigen Zusammenhängen führt.

Thema: »Einführung des Materials Kleister«

Material:
Tapetenrolle, Wollknäuel, Kleister, Scheren, Schälchen, Bodenfolie, Kittel

Ablauf:

Begrüßungslied

Freispiel der Kinder
Es liegen Wollknäuel in der Mitte des Raumes. Die Kinder können mit der Wolle spielen oder mit den anderen bereitstehenden Spielsachen. Die Kinder, die Lust haben, können mit Hilfe ihrer Mutter kurze Wollfäden von den Knäueln schneiden.

Aktion
Wir wollen mit Kleister ein gemeinschaftliches »Wollfädenbild« kleben Nachdem der Boden mit der Bodenfolie abgedeckt ist, wird darauf die

Tapetenrolle ausgerollt. Der bereits fertig angerührte Kleister wird in kleine Plastikschälchen geschüttet. Jedes Kind bekommt solch ein Kleistertöpfchen. in der Mitte liegen die geschnittenen Wollfäden. Nun können die Kinder die Wollfäden in den Kleister tauchen, sie tüchtig einmatschen (ähnlich wie die Nudeln in der Suppe) und sie anschließend auf die Tapete kleben: entweder als einzelnen Faden, oder zusammengerollt, oder als kleine Kügelchen etc.

Die Kinder dürfen natürlich auch nur den Kleister auf die Tapetenrolle matschen. Den Ideen der Kinder werden keine Grenzen gesetzt.

Während des Spielangebotes hat die Gruppenleiterin die Möglichkeit, sich auf die Mütter zu konzentrieren, sie zum Beobachten ihrer Kinder anzuhalten und sie auf das unterschiedliche »Matsch-Verhalten« aufmerksam zu machen. Sie kann auch die Mütter dazu anregen, selbst das Matschen wieder auszuprobieren.

Wenn das einzelne Kind keine Lust mehr hat zu matschen und zu kleben, kann es sein Spiel beenden und sich waschen gehen. Anschließend wird das große Wollfädenbild zum Trocknen in den Nachbarraum gelegt.

Gemeinsames Aufräumen, Frühstückspause

Zum Abschluss
wird mit den Wollknäueln noch einmal gespielt. Man kann sie durch den Raum werfen oder versuchen, sie zu fangen. Man kann das Wollknäuel abrollen oder sich in die Fäden einwickeln. Man kann über gespannte Fäden klettern oder darunter herkrabbeln.

Abschlusskreis mit Abschlusslied

Thema: »Wir bauen uns ein Spielgruppen-Haus«

Material:
großer Karton, Pappreste, Teppichmesser, Stoffreste zu kleinen Rechtecken geschnitten, Kleister, Kittel

Ablauf:

Begrüßung der Kinder
Alle Kinder kriechen durch den Karton, der direkt an der Tür steht, in den Gruppenraum. Begrüßungslied.

Freispiel

Kinder und Mütter bauen gemeinsam das Spielgruppenhaus. Fenster und Türen werden mit dem Teppichmesser ausgeschnitten. Das Dach wird darauf befestigt. Die Kinder können das Haus in Beschlag nehmen. Hineinkrabbeln, aus dem Fenster winken, schlafen legen ...

Aktion: Wir bekleben das Dach unseres Hauses

Das Dach des Hauses muss zuerst eingekleistert werden. Die Kinder sollen beide Hände zum Einschmieren benutzen. Damit die Kinder alles gut erreichen können, dürfen sie sich auf die Kinderstühle stellen. Die Mütter werden darauf aufmerksam gemacht, dass sie gut auf ihre Kinder aufpassen müssen. Wenn alles schön eingekleistert ist, werden die von der Gruppenleiterin zuvor zurechtgeschnittenen Stofflappen von den Kindern auf das Dach geklebt. Das sollen die Dachziegeln sein und die Kinder betätigen sich nun als Dachdecker.

Gemeinsames Aufräumen, Frühstückspause

Die Kinder können nun weiter mit dem Haus spielen, z. B. Kissen hineintragen. Wenn das Interesse nachlässt, singen wir noch das Bewegungsspiel »Wir öffnen jetzt das Taubenhaus«.

Abschlusskreis mit Abschlusslied

Mütter und Kinder werden aufgefordert, für die nächste Gruppenstunde ein Marmeladenglas mitzubringen.

Thema: »Wir basteln Laternen für unser Spielhaus«

Material:
Marmeladengläser, Kleister, Plastikschalen und Töpfchen, Transparentpapier, Wachstuchdecke

Ablauf:

Begrüßungslied

Freispiel

Zusätzlich zum Spielmaterial liegt Transparentpapier in der Mitte des Spielteppichs. Die Kinder können ausprobieren, wie schön das knistert, wie leicht man es zusammenknüllen kann, wie leicht man es reißen kann. Die Kinder, die mögen, können mit ihrer Mutter kleine Schnipsel für die heutige Klebeaktion reißen.

Aktion: Wir basteln Laternen

Auf den Kindertischen wird die Wachstuchdecke ausgebreitet. Jedes Kind holt sein Marmeladenglas. Wer seins vergessen hat, kann sich ein Glas von der Gruppenleiterin holen. Auf dem Tisch verteilt stehen die Töpfchen mit Kleister und die Schalen mit den Transparentpapierschnipseln. Die Kinder kleistern zuerst das Marmeladenglas ein und bekleben es dann mit den bunten Schnipseln. Die Mütter werden angehalten, nicht zu helfen. Jedes Kind darf so viele oder so wenige Schnipsel aufkleben, wie es möchte. Auch ein Glas mit wenigen Schnipseln ist schön. Die Kinder stellen ihre Gläser zum Trocknen auf die Fensterbank.

Gemeinsames Aufräumen, Frühstückspause

Jedes Kind erhält ein Teelicht für seine Laterne

Die Mütter zünden die Teelichter an und stellen sie in das Marmeladenglas. Die Kinder können ihre Laternen bewundern.

Anschließend trägt jedes Kind einzeln seine Laterne in das Spielgruppenhaus. Nun können von außen alle das Licht leuchten sehen und zum Fenster hereinschauen. Wir singen ein Laternenlied.

Abschlusskreis mit Abschlusslied

Thema: »Wir stellen einen Baum neben unser Haus«

Material:

Eimer mit Sand, lange Papprolle, großes DIN A3-Blatt, Bodenfolie, Plastiktöpfchen, Kleister, Kittel, getrocknete Blätter vom Baum, Plastikwanne

Ablauf:

Begrüßungslied

Freispiel der Kinder mit dem neuen Haus

Zusätzlich steht in der Mitte eine Wanne mit getrockneten Blättern zum Entdecken, Reinkriechen, Befühlen, Zerknittern, Rausschmeißen usw.

Aktion: Heute wollen wir eine Baumkrone kleben

Die Folie wird von der Gruppenleiterin auf dem Boden ausgerollt und die aus dem DIN A3-Blatt ausgeschnittene Baumkrone darauf gelegt. Die Töpfchen mit dem Kleister werden an die Kinder verteilt und die Kinder dürfen das Blatt Papier damit einkleistern. Danach verteilt die Gruppenleiterin die getrockneten Blätter. Die Kinder patschen die Blätter auf das Papier. Da die Blätter nicht sofort festkleben, werden sie noch einmal mit Kleister überschmiert.

Die fertige Baumkrone muss nun trocknen. Die Gruppenleiterin stellt als Stamm die Papprolle in den Sandeimer. Sie erklärt den Kindern den »Baum« und bespricht mit ihnen, dass beim nächsten Mal die Baumkrone oben am Stamm befestigt wird. Zur Demonstration hält sie die Baumkrone schon mal an die Papprolle.

Aufräumen, Frühstückspause

Zum Schluss

wird noch einmal mit den übrig gebliebenen Blättern gespielt. Alle werfen die Blätter ganz hoch in die Luft. Die Kinder legen sich auf den Boden und werden von den Müttern mit den Blättern bedeckt. Alle Blätter werden zu einem großen Haufen zusammengelegt. Wir singen das Lied:

Falle, falle, falle.
Rotes Blatt, gelbes Blatt,
bis der Baum kein Blatt mehr hat.
Abgefallen alle.

Dabei trommeln alle mit den Händen auf den Boden.

Abschlusskreis mit Abschlusslied

Thema: »Wir bekleben Drachen mit Tonpapier-Schnipseln«

 **Material:**
Papierdrachen, Tonpapier, Kleister, Plastikschalen, Bodenfolie, Wolle, Kittel

Ablauf:

 Begrüßungslied

Freispiel der Kinder

In der Mitte auf dem Spielteppich liegen Reststücke von Tonpapier. Die Kinder, die Lust haben, dürfen das Papier zerreißen oder knicken usw. Auch andere Spielangebote wie Wolle oder Blätter stehen bereit. Die Baumkrone wird oben am Stamm befestigt.

 **Aktion I: Drachen bekleben**

Die Mütter haben bereits während der Freispielphase für ihr Kind einen Drachen aus einem weißen DIN A4-Blatt gefaltet. Die Gruppenleiterin legt die Folie auf den Boden und verteilt die Schälchen mit Kleister. Die Mütter geben ihren Kindern die Drachen. Die Kinder dürfen die Drachen mit Kleister einschmieren und anschließend mit den Tonpapierschnipseln bekleben. Wenn alle genug gearbeitet haben, wird aufgeräumt und die Drachen werden zum Trocknen auf die Fensterbank gelegt.

Gemeinsames Aufräumen, Frühstückspause

 Aktion II:

Nach dem Frühstück werden die Drachen mit einer langen Schnur versehen. Wenn die Kinder ihren Drachen an der Schnur halten und schnell durch den Raum laufen, können sie ihren Drachen »fliegen« lassen.

 **Abschlusskreis mit Abschlusslied**

Stundenmodell: *nach einer Idee von Susanne Krupka, Ingelheim (Eltern-Kind-Gruppe in einer Kirchengemeinde)*

»Farben erfahren«

Die Planung einer Kursreihe erfordert von der Gruppenleiterin viel Ideenreichtum und auch etwas mehr Vorbereitungszeit, weil sie sich in das Thema intensiv hineindenken muss. Der Vorteil liegt darin, dass Eltern und Kinder erst einzelne Elemente kennen lernen und die Einzelteile dann als Ganzes erfahren.

Thema und Zielsetzung der Kursreihe:

In der Kursreihe werden den Kindern die einzelnen Farben vorgestellt und mit ihnen Dinge benannt, die diese Farbe besitzen.

Ein gewohnter Stundenablauf ist sehr wichtig. Er gibt den Kindern das Gefühl der Sicherheit. Schon bald wissen sie, wann welches Element dran ist. Der hier dargestellte Ablauf wurde in allen Eltern-Kind-Gruppen angewandt. Die Gruppenstunden dauern 90 Minuten und der Ablauf lässt den Kindern den Freiraum, sich erst für das Freispiel oder für das Angebot oder aber sich überhaupt für nur eines zu entscheiden. Es gibt immer wieder Kinder, die sich auch durch behutsames Heranführen an die Angebote nicht dazu bewegen lassen, mitzumachen, die einfach nur zuschauen wollen oder mehr Zeit brauchen.

 ## Liedtexte und Bewegungen:

Eine kleine Spinne

Eine kleine Spinne krabbelt an der Wand.	Mit den Fingern wie eine Spinne nach oben krabbeln.
Dann kommt der Regen, spült sie in den Sand.	Regen mit den Fingern spielen. Arme von oben nach unten führen.
Dann kommt die Sonne,	Mit den Händen einen Halbkreis beschreiben.
trocknet Haus und Land.	Mit den Händen ein Dach bilden und dann flach ausbreiten.
Eine kleine Spinne krabbelt an der Wand.	Mit den Fingern wie eine Spinne nach oben krabbeln.

Die Laura ist verschwunden

Die Laura ist verschwunden,
wir haben keine Laura mehr!

Buntes Tuch zum Verstecken.

Seht, da ist die Laura wieder!
Trallarallallalla!

Tuch vom Kopf wegziehen.

A ram sam sam

A ram sam sam,
a ram sam sam,

Mit den Handflächen auf die
Oberschenkel schlagen.

gulli gulli gulli.

Rollbewegungen mit den beiden
Händen umeinander.

A ram sam sam.

wie oben

A rabi, a rabi,
gulli gulli gulli.

Beide Hände nach oben heben.
wie oben

Leise wie die Katze schleichen

Leise, leise wie die Katzen
schleichen, leise, leise wie die
Katzen schleichen.

Alle fassen sich an den Händen
und gehen langsam im Kreis.

Kommt eine kleine Maus,
rufen die Katzen laut:»Miau!«

Kinder kurz am Bauch kitzeln.
Alle laufen schnell rückwärts und
schreien laut.

Ich bin die kleine Hexe

Ich bin die kleine Hexe und
habe (blaue, rote, braune...)
Schuh. Ich reit' auf meinem
Besen und sing ein Lied dazu.
Hei hopp sassa, hei hopp sassa,
hei hopp sassa, hei hopp sassa!

Ein Kind tanzt in der Kreismitte mit
einem kleinen Besen zwischen den
Beinen.

Alle im Kreis klatschen mit.

B-I-N-G-O (siehe Seite 125)

In unserem Haus,	Alle gehen angefasst im Kreis rechts
da wohnt ein Hund,	herum.
der Bingo wird genannt.	
In unserem Haus,	
da wohnt ein Hund,	
der Bingo wird genannt.	
BINGO, BINGO,	Nun links herum laufen.
der Bingo wird genannt.	
B-I-N-G-	In kleinen Schritten zur Kreismitte
	gehen.
OOO.	Alle laufen schnell rückwärts.

(Überliefert)

Thema: »Grün«

In der ersten Gruppenstunde der Kursreihe geht es um die Farbe Grün. Ich will mit den Kindern besprechen, welche Dinge, die sie kennen, grün sind. Die Eltern können erfahren, dass es für die Kinder einfacher ist, erst einmal eine Farbe zu besprechen. Sie können ihre Kinder bei den ersten Malversuchen unterstützen. Sind die Kinder aber mit dem Material vertraut, sollten die Eltern sie ihrer eigenen Kreativität überlassen.

Material:
- Fingerpüppchen für den Einstieg
- Grüne Fingerfarbe, die mit Wasser etwas flüssiger gemacht wird
- Blaues Tonpapier, weißes Schreibpapier, Scheren
- Kittel, Lappen, kleine Plastikdeckelchen

Ablauf:

Begrüßungsrunde (ca. 15 Minuten)
Lied: »Hallo, hallo, schön, dass du da bist!«

Spielgeschichte: Das grüne Farbmännchen
(mit Hilfe eines grün angezogenen Farbmännchens erzählen)

Es war einmal ein grünes Farbmännchen. Das wollte alles Mögliche grün anmalen. Eines Tages begab es sich auf eine Wanderung. Auf seinem Weg traf es als Erstes eine Wolke: »Du, darf ich dich grün anmalen?« Aber die Wolke meinte: »Das geht doch nicht, ich bin blau und will blau bleiben. Wenn ich grün wäre, würden die Leute ganz komisch gucken.« Das grüne Farbmännchen spazierte traurig weiter.

Schließlich traf es die Sonne. Es fragte sie: »Darf ich dich grün anmalen?« »Nein«, sagte die Sonne freundlich, »weißt du, wenn ich grün wäre, würden die Menschen ganz traurig sein, weil ich sie nicht mehr mit meinem Licht und meiner Wärme erfreuen könnte.« Traurig und müde ging das Farbmännchen weiter.

Nun kam es in einen riesengroßen Wald. Plötzlich hörte es den Wald rufen: »Du schönes grünes Farbmännchen, komm einmal her und male uns frisch an. Schau mal, unsere braunen Blätter und Sträucher. Und auch die Blätter der Blumen sind vom Dreck der Luft ganz schmutzig. Wir haben solche Sehnsucht nach frischer grüner Farbe!« Da leuchteten die Augen des Farbmännchens, und es malte den ganzen Tag über die kranken Bäume und Sträucher und auch die Blätter der Blumen grün an. Der ganze Wald sah wie neu aus. Alles strahlte und leuchtete. Und das grüne Farbmännchen war auch mit sich zufrieden, legte sich auf das weiche Moos in den Schatten eines Baumes und schlief froh ein.

Bastelangebot und Freispiel (laufen parallel, ca. 40 Minuten)

- Die Kinder erhalten blaues Tonpapier und grüne Fingerfarbe in kleinen Plastikdeckelchen. Sie können nun den Wald, die Sträucher und die Blätter der Blumen malen.
- Zum Schluss erhalten die Mütter weißes Faltpapier, um kleine Schneeglöckchen daraus zu falten und in die nasse Farbe zu kleben.
- Als erste Spiele können bunte Ballons oder Quips erst einmal ohne Spielregeln eingeführt werden.

Gemeinsames Aufräumen und kleines Obstfrühstück (ca. 20 Minuten)

Abschlussrunde (ca. 15 Minuten)

mit mehreren der genannten Lieder (siehe Seite 124)
Abschlusslied: *»Alle Leut´«* (siehe Seite 124)

Thema: »Rot und Gelb«

Material:
- ein mit roter Lebensmittelfarbe beträufeltes Zuckerstückchen
- ein mit gelber Lebensmittelfarbe beträufeltes Zuckerstückchen
- ein mit Wasser gefüllter weißer Suppenteller
- verflüssigte rote und gelbe Fingerfarbe, kleines Plastikdeckelchen
- Tapetenreste als Malpapier, Kittel, Lappen
- evtl. Pappschablonen für Tomaten, Zitronen, Orangen

Ablauf:

Begrüßungsrunde (ca. 15 Minuten)
Lied: »Hallo, schön dass du da bist!«

Spielgeschichte: Das kleine ROT und das kleine GELB
Das kleine Rot trifft das kleine Gelb. Das kleine Rot sagt: »Hallo, kleines Gelb, ich gehe baden! Kommst du mit?« Das kleine Gelb sagt: »Oh ja, ich habe auch Lust zu baden. Ich komme mit!« Da springt das kleine Rot kopfüber in die große Badewanne. Und das kleine Gelb springt hinterher.

Auf einmal sagt das kleine Rot: »Oh, schau mal, ich laufe aus!« Das kleine Gelb schaut genau hin und wundert sich: »Oh ja! Du läufst aus! Und ich, ich auch!« »Wir werden immer größer!«, freut sich das kleine Rot, das jetzt schon ein ziemlich großes Rot geworden ist. »Wir werden immer größer!«, freut sich auch das kleine Gelb, das jetzt schon ein ziemlich großes Gelb geworden ist. Da sagt das kleine Rot, das jetzt schon ein ziemlich großes Rot geworden ist: »Wir mischen uns, dann sehen wir aus wie eine große Apfelsine. Sollen wir das machen?« »Oh ja«, sagt das kleine Gelb, das jetzt schon ein ziemlich großes Gelb geworden ist. »Ich will gerne aussehen wie eine große Apfelsine. Aber wie mischen wir uns denn?« »Da müssen uns die Kinder helfen«, sagt das ziemlich groß gewordene Rot. »Die Kinder müssen mit einem Finger in der Badewanne rühren! Am besten zähle ich bis 3«, sagt das ziemlich groß gewordene Gelb, »damit die Kinder wissen, wann sie rühren müssen. – 1,2,3!« – Und tatsächlich. Jetzt hat das Wasser in der Badewanne die Farbe einer Apfelsine.

Bastelangebot und Freispiel (laufen parallel, ca. 40 Minuten)
- Die Kinder erhalten Stücke der Tapetenrolle und rote und gelbe Fingerfarbe. Dann können sie die Geschichte selbst nachmalen oder die Pappschablonen entsprechend anmalen.
- Im Freispiel gibt es diesmal besonders viel rotes und gelbes Spielzeug.

● Duplo und Nopper können nach Farben sortiert werden.
● Bilderbücher mit den Obstsorten liegen bereit.

Gemeinsames Aufräumen und kleines Obstfrühstück (ca. 20 Minuten)

Abschlussrunde (ca. 15 Minuten)
wie erste Gruppenstunde, siehe Seite 117

Thema: »Blau«

Material:

● verflüssigte blaue Fingerfarbe, kleine Plastikdeckelchen
● Tapetenrolle als Malpapier, Kittel, Lappen
● buntes Faltpapier, Kinderscheren

Ablauf:

Begrüßungsrunde (ca. 15 Minuten)
Lied: »Hallo, schön dass du da bist!«

Spielgeschichte: Die große und die kleine Ente

Es waren einmal eine große und eine kleine Ente. Und die große Ente sagte zu der kleinen Ente: »Geh nicht in das tiefe Wasser! Sonst kommt der große Fisch mit seinem breiten Maul und frisst dich auf!« Aber die kleine Ente dachte gar nicht daran, was die große Ente ihr gesagt hatte, und ging doch an das tiefe Wasser. Da kam der große Fisch mit seinem breiten Maul und verschluckte mit einem Haps die kleine Ente. Da weinte die große Ente bittere Tränen: »Hu, hu, hu!« Doch als es Abend wurde, schlief der große Fisch ein und schnarchte: »Chr, chr, chr!« Und da ging sein breites Maul auf und tap, tap, tap kam die kleine Ente wieder herausgewatschelt. Da freute sich die große Ente und drückte die kleine Ente ganz fest an sich.

● Die Spielgeschichte wird mit entsprechenden Gesten begleitet. Zum Schluss drückt jede Mutter ihr Kind ganz fest an sich.
● Gespräch mit den Kindern: Es geht um das Wasser. Welche Farbe hat das Wasser?

Bastelangebot und Freispiel (laufen parallel, ca. 40 Minuten)
● Die Kinder erhalten ein Stück Tapete und blaue Fingerfarbe. Jetzt kön-

nen sie das Wasser malen. Zum Schluss werden aus dem bunten Papier eine kleine Ente und eine große Ente und ein Fisch gefaltet oder ausgeschnitten und auf die noch nasse Farbe geklebt.

- Im Freispiel gibt es diesmal besonders viel blaues Spielzeug.
- Bilderbücher zum Thema Wasser liegen bereit.
- Als erste Farbspiele können Bunte Ballone oder Quips erst einmal ohne Spielregeln eingeführt werden.

Gemeinsames Aufräumen und kleines Obstfrühstück (ca. 20 Minuten)

Abschlussrunde (ca. 15 Minuten)
wie erste Gruppenstunde, siehe Seite 117

Thema: »Schwarz«

Material:
verflüssigte schwarze Fingerfarbe, kleine Plastikdeckelchen, ein großes Stück Tapetenrolle, Kittel, Lappen

Ablauf:

Begrüßungsrunde (ca. 15 Minuten)
Lied: »Hallo, schön dass du da bist!«

Hinführung zur Farbe: Schornsteinfegerlied

Bastelangebot und Freispiel (laufen parallel, ca. 40 Minuten)
- Auf die Tapetenrolle habe ich einen Schornsteinfeger aufgezeichnet. Den können die Kinder jetzt schwarz anmalen. Das Gesicht habe ich auf hautfarbenes Tonpapier aufgemalt, welches dann auf die nasse Farbe geklebt wird.
- Bilderbücher zum Thema Schornsteinfeger liegen bereit.
- Kinder aufmerksam machen, dass es wenig schwarzes Spielzeug gibt.

Gemeinsames Aufräumen und kleines Obstfrühstück (ca. 20 Minuten)

Abschlussrunde (ca. 15 Minuten)
wie erste Gruppenstunde, siehe Seite 117

Thema: »Bunt«

Material:
- je ein mit gelber, roter, grüner, blauer und schwarzer Lebensmittelfarbe beträufeltes Zuckerstückchen, ein mit Wasser gefüllter weißer Suppenteller
- verflüssigte grüne, blaue, gelbe, rote schwarze Fingerfarbe, kleine Plastikdeckelchen
- Tapetenrolle als Malpapier, Kittel, Lappen

Ablauf:

Begrüßungsrunde (ca. 15 Minuten)
Lied: »Hallo, schön dass du da bist!«

Spielgeschichte:
Das kleine GELB und das kleine ROT treffen neue Freunde
Heute trifft wieder mal das kleine Rot das kleine Gelb. »Hallo, kleines Gelb«, sagt das kleine Rot, »heute habe ich wieder große Lust baden zu gehen. Kommst du mit?« »Oh ja!«, antwortet das kleine Gelb. Doch bevor das kleine Rot in die Badewanne springen kann, sieht das kleine Gelb das kleine Rot nachdenklich an und sagt: »Du, kleines Rot, vor kurzem waren wir ja schon einmal zusammen baden und wurden dann gemeinsam zu der tollen Apfelsinenfarbe.« »Oh ja«, sagt das kleine Rot, »gemeinsam haben wir so toll geleuchtet. Es hat mir wunderbar gefallen! Dir etwa nicht?« »Oh doch«, sagt das kleine Gelb, »es war wunderbar. Aber findest du nicht, wir sollten auch nach neuen Freunden Ausschau halten? Vielleicht wollen sie auch mit uns baden gehen?« »Das ist eine gute Idee, kleines Gelb«, sagt das kleine Rot. Gemeinsam schauen sie sich um. Auf einmal bekommen sie große Augen.

Sie erblicken das kleine Grün, das kleine Blau und das kleine Schwarz. Sie rufen und winken und tatsächlich kommen alle zu ihnen herübergelaufen. Das kleine Rot fragt: »Habt ihr Lust mit uns baden zu gehen?« »Oh ja!«, antworten die drei und gemeinsam springen sie alle kopfüber in die große Badewanne. Nach einer Weile sagt das kleine Grün: »Oh, ich laufe aus!« Das kleine Blau schaut sich verwundert um und sagt: »Schaut nur, alle anderen Farben laufen auch aus und werden immer größer.« »Wenn die Kinder ganz vorsichtig mit einem Finger in unserer Badewanne rühren, können wir uns bestimmt gut mischen!« Das kleine Rot sagt: »Am besten zähle ich bis 3. Und 1-2-3, jetzt müsst ihr vorsichtig rühren!«

Und tatsächlich: Das Wasser in der großen Badewanne ist bunt geworden.

Bastelangebot und Freispiel (laufen parallel, ca. 40 Minuten)
● Die Kinder erhalten Stücke der Tapetenrolle und die verschiedenen Fingerfarben in den Plastikdeckelchen. Damit können sie nach Herzenslust ein buntes Bild malen. Anschließend werden die Bilder zum Trocknen aufgehängt und ergeben gemeinsam ein großes buntes Plakat zur Dekoration.
● Im Freispiel können Nopper, Duplo oder Bauklötze nach Farben sortiert und benannt werden.
● Bilderbücher zum Thema Farben liegen bereit.
● Die Farbspiele, bunte Ballons oder Quips können erst einmal ohne Spielregeln eingeführt werden. Ballons und Spielsteine können nach Farben sortiert und entsprechend gelegt werden.

Gemeinsames Aufräumen und kleines Obstfrühstück (ca. 20 Minuten)

Abschlussrunde (ca. 15 Minuten)
wie erste Gruppenstunde, siehe Seite 117

4.5 Materialsammlung für Sinnesanregungen

 Tasten und Fühlen
- ○ Naturmaterialien:
  Steine, Sand, Kastanien, Tannenzapfen, Holz, Rinde,
  Gras usw.
- ○ Tastsäckchen gefüllt mit unterschiedlichen Materialien:
  Kirschkerne, Erbsen, Reis, Linsen, Watte, Sand usw.
- ○ Teppichfliesen unterschiedlichster Art
- ○ Bänder, Wolle, Kordeln, Seilchen u. Ä.
- ○ Stoffe aus unterschiedlichen Materialien, Tücher, Seidenschals
- ○ Unterschiedliche Verpackungsmaterialien:
  Alufolie, Butterbrotpapier, Klarsichtfolie, kleine Plastiktüten
- ○ Federn, Bürsten, Kämme
- ○ Ton, Knete, Teig, Kleister

 Hören und Sehen
- ○ Trommeln, Tamburin, Triangel, Klanghölzer, Glocken u. Ä.
- ○ Töpfe, Deckel, Kochlöffel usw.
- ○ Geräuschdosen, Rasseln, Knistertüten
- ○ Lieder, Verse, Reime
- ○ Bunte Luftballons
- ○ Seifenblasen
- ○ Bunte Tücher, unter denen etwas versteckt wird
- ○ Bilderbücher

 Riechen und Schmecken
- ○ Duftsäckchen gefüllt mit unterschiedlichen Materialien:
  Zwiebeln, Apfelsinenschalen, Früchtetee, Nelken, Lavendel usw.
- ○ Riechfläschchen gefüllt mit unterschiedlichen Materialien:
  Essig, Rosenwasser, Kaffe, Tee, Parfüm usw.
- ○ Probierdosen gefüllt mit unterschiedlichen Materialien:
  Zucker, Salz, Mehl, Rosinen, Honig, Salzstangen, Quark, saure Gurken usw.
- ○ Probierflaschen gefüllt mit unterschiedlichen Materialien:
  Apfelsaft, Milch, Zitronensaft, Gurkenwasser, Orangensaft, Mineralwasser
  usw.

Lieder

Alle Leut

Al - le Leut, al - le Leut gehn jetzt nach Haus,

gehn in ihr Käm - mer - lein, las - sen fünf gra - de sein,

al - le Leut, al - le Leut gehn jetzt nach Haus.

2. Alle Leut, alle Leut
gehn jetzt nach Haus,
große Leut, kleine Leut,
dicke Leut, dünne Leut.
Alle Leut, alle Leut
gehn jetzt nach Haus.

3. Alle Leut, alle Leut
gehn jetzt nach Haus,
sagen auf Wiedersehn,
denn es war wieder schön.
Alle Leut, alle Leut
gehn jetzt nach Haus.

überliefert

Die Engelchen werden geschaukelt

1. Die En - gel - chen wer - den ge - schau - kelt, ge -

schau - kelt, bis in den Him - mel hi - nein.

2. Die Äpfelchen werden
gerüttelt, geschüttelt,
bis in das Körbchen hinein.

3. Die Kinder, die werden
geschuckelt, geruckelt,
bis in die Träume hinein.

überliefert und ergänzt

BINGO

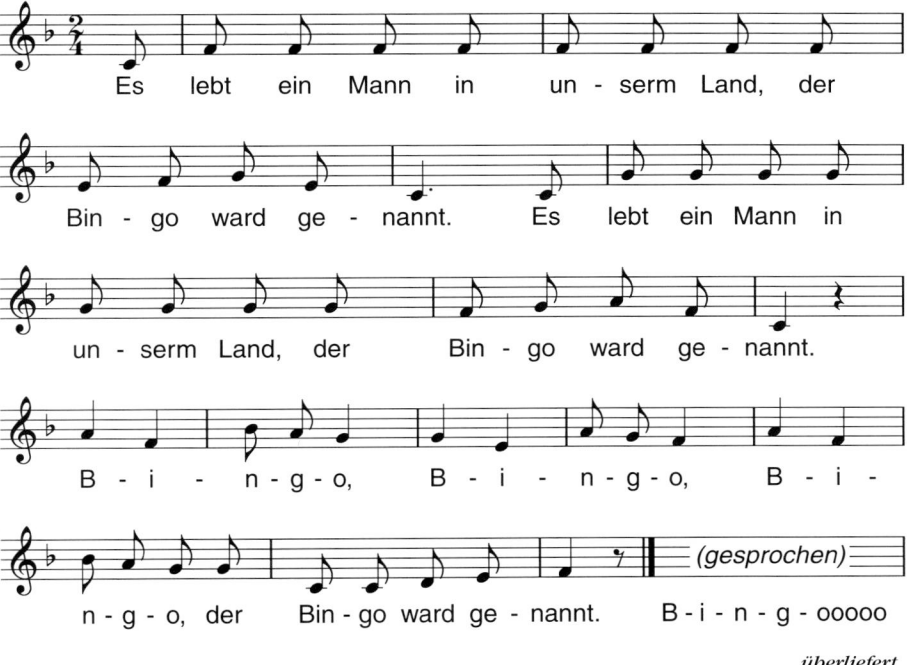

überliefert

Ein kleines graues Eselchen

überliefert

Hopp, hopp, hopp ...

Hopp, hopp, hopp, Pferd-chen lauf Ga - lopp!
Ü - ber Stock und ü - ber Stei - ne, a - ber brich dir
nicht die Bei - ne. Hopp, hopp, hopp, hopp,
hopp, Pferd - chen, lauf, Ga - lopp.

2. Brrrr, brrr, breee,
steh doch, Pferdchen, steh!
Sollst nicht länger weiter traben,
musst noch Heu als Futter haben.
Brrr, brrr, breee,
steh doch, Pferdchen, steh!

überliefert

Karussell

Auf der grü-nen Wie - se steht ein Ka - rus-sell.
Ein - mal fährt es lang - sam, ein - mal fährt es schnell.
An - hal - ten, ein - stei - gen, fest - hal - ten.
Im - mer, im - mer schnel-ler dreht das Ka - ru - sell

überliefert

Was machen wir so gerne hier im Kreis?

Was ma-chen wir so ger - ne hier im Kreis? Was

ma - chen wir so ger - ne hier im Kreis?

1. Klat - schen, klat - schen, tral - le - ral - la la.

2. Stampfen, stampfen, trallerallala ...
3. Hüpfen, hüpfen, trallerallala,
4. Tanzen, tanzen, immer rundherum ...

überliefert

Meine Hände sind verschwunden

Mei - ne Hän - de sind ver - schwun - den! Ich

ha - be kei - ne Hän - de mehr! Ei, da sind die

Hän - de wie - der! Tra - la - la - la - la - la - la.

2. Meine Füße sind verschwunden ...
3. Meine Ohren sind verschwunden ...
4. Meine Nase ist verschwunden ...
5. Meine Augen sind verschwunden ...

Rechte unbekannt

Wir haben eine Zieharmonika

Wir ha - ben ei - ne Zie - har - mo - ni - ka,
tschin - de - ras - sa, tschin - de - ras - sa bum bum bum. Wir
bum bum bum. Sie spielt uns im - mer wie -
der, die al - ler - schöns - ten Lie - der. Wir
ha - ben ei - ne Zieh - har - mo - ni - ka
tschin - de - ras - sa, tschin - de - ras - sa bum bum bum.

überliefert

Wozu sind die Füße da?

Wo - zu sind die Fü - ße da, Fü - ße da, Fü - ße da,
wo - zu sind die Fü - ße da, wo - zu sind sie
da? Die Fü - ße sind zum Stamp - fen da. zum

Stamp-fen da, zum Stamp-fen da. Die Fü - ße sind zum

Stamp - fen da, zum Stamp - fen sind sie da.

2. Wozu sind die Hände da, Hände da, Hände da,
   wozu sind die Hände da, wozu sind sie da?
   Die Hände sind zum Klatschen da, Klatschen da, Klatschen da.

3. Wozu sind die Arme da ...
4. Wozu sind die Beine da ...

überliefert

Ich bin ein kleiner Hampelmann

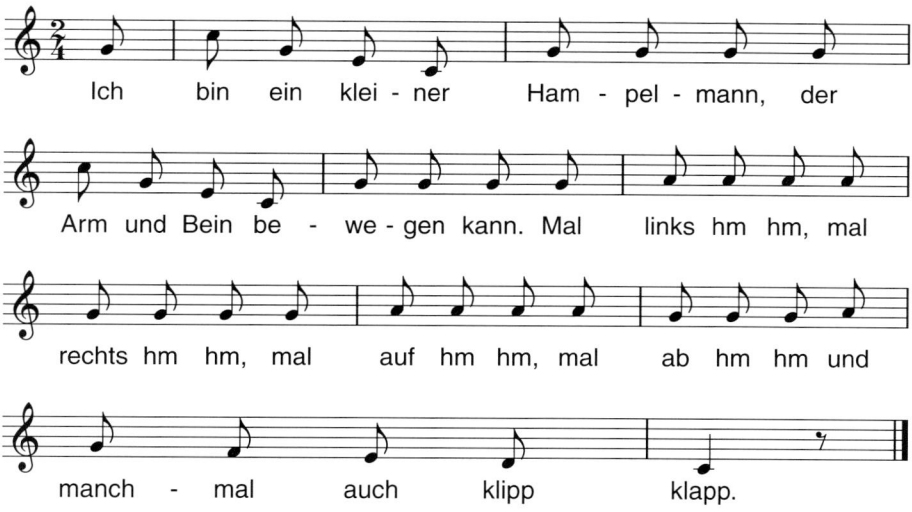

Ich bin ein klei - ner Ham - pel - mann, der

Arm und Bein be - we - gen kann. Mal links hm hm, mal

rechts hm hm, mal auf hm hm, mal ab hm hm und

manch - mal auch klipp klapp.

2. Man hängt mich meistens
an die Wand
und zieht an einem langen Band.
Mal rechts ...

3. Mein Kopf, der ist
so dick und schwer,
der wackelt immer hin und her.
Mal rechts ...

überliefert

Ich bin ein dicker Tanzbär

Ich bin ein di-cker Tanz-bär und kom-me aus dem Wald. Ich such mir ei-nen Freund aus und fin - de ihn schon bald. Ei, wir tan - zen hübsch und fein von ei - nem auf das and - re Bein. Ei wir tan - zen hübsch und fein von ei - nem auf das and - re Bein.

überliefert

Ich hol mir eine Leiter

1. Ich hol mir ei - ne Lei - ter und stell sie an den Ap - fel - baum, dann steig ich im - mer

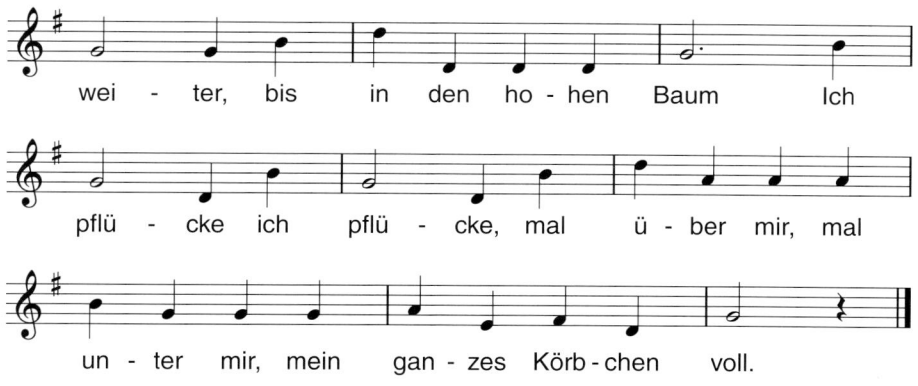

wei - ter, bis in den ho - hen Baum Ich

pflü - cke ich pflü - cke, mal ü - ber mir, mal

un - ter mir, mein gan - zes Körb - chen voll.

2. Dann steig ich immer weiter
und halt mich an den Zweigen fest.
Und setz mich dann gemütlich
auf einen dicken Ast.

Ich wippe, ich wippe,
di wipp di wapp,
di wipp, di wapp,
ich fall ja nicht herab.
Knicks – knacks – bautz.

überliefert

Große Uhren

Gro - ße Uh - ren ma - chen tick - tack, tick - tack.

Klei - ne Uh - ren ma - chen ti - cke ta - cke, ti - cke ta - cke.

Und die klei - nen Ta - schen - uh - ren ma - chen

ti - cke ta - cke, ti - cke ta - cke, ti - cke ta - cke

überliefert

Literaturverzeichnis

Eltern-Kind-Gruppen

Bornemann, Marianne/Hundertmark, Gisela, *Treffpunkt Spielgruppe*. Ein Angebot für Kleinstkinder und ihre Eltern, Kösel Verlag, München 1977

Bundesarbeitsgemeinschaft Katholischer Familienbildungsstätten (Hrsg.), *Eltern-Kind-Gruppen in katholischen Familienbildungsstätten*, Düsseldorf 1987. Bezug: BAG Kath. Familienbildungsstätten, Prinz-Georg-Straße 44, 40477 Düsseldorf

Bundesverband Neue Erziehung (BNE) e.V. (Hrsg.), *Spiel- und Gestaltungsideen für selbstorganisierte Eltern-Kind-Gruppen*. Bonn 1992.

Deutsches Rotes Kreuz (Hrsg.), *Spiel- und Kontaktgruppen für Eltern mit ihren Kindern von 1 bis 3 Jahren*. Arbeitshilfen, Bonn 1998. Bezug: DRK Generalsekretariat, Team 32, Kinder, Jugend, Familie, Friedrich-Ebert-Allee 71, 53113 Bonn

Fachzeitschrift Familienbildung. Blickpunkt: Eltern-Kind-Arbeit. Ausg. 1/95 - Okt. 1995.

Gottstein, Ingrid, *Spielgruppen erfolgreich gründen und leiten*, Beltz Verlag, Weinheim u. Basel 1996

Guhl-Schubert, Annette, *Spielgruppe. Anregungen und Tips für Eltern und Leiter*, Verlag Herder, Freiburg-Basel-Wien 1986

Hillebrandt, Margret (Hrsg.), *Mutter-Kind-Gruppen. Werkbuch*, Klens Verlag, Düsseldorf 1994

Münchmeier, Anne-Bärbel, *Kleinkinder-Treff. Anregungen für die Zeit zwischen Krabbelalter und Kindergarten*, Rowohlt Verlag, Reinbek 1982 (rororo Taschenbuch)

Nieder, Angelika/Tuschhoff, Angelika, *Qualitätshandbuch Eltern-Kind-Gruppen in katholischen Familienbildungsstätten*, BAG Kath. Familienbildungsstätten (Hrsg.), Düsseldorf 2001. Bezug: BAG s.o.

Wesserle, Christa, *miteinander spielen - miteinander lernen. Eltern-Kind-Gruppen auf neuen Wegen*, Ein Handbuch, Pfeiffer Verlag, München 1994

Gruppen leiten

Klein, Irene, *Gruppenleiten ohne Angst. Ein Handbuch für Gruppenleiter*, Pfeiffer Verlag, München 1995

Langmaack, Barbara, *Themenzentrierte Interaktion. Einführende Texte rund ums Dreieck*, Beltz Verlag, Weinheim u. Basel 1994

Langmaack, Barbara/Braune-Krickau, Michael, *Wie die Gruppe laufen lernt*, Beltz Psychologie-Verlags-Union, Weinheim 1987

Schneider, Holle, *Anstöße. Für lebendige Gespräche in Frauengruppen*, Klens-Verlag, Düsseldorf 1995

Kindliche Entwicklung

Ayres, A. Jean, *Bausteine der kindlichen Entwicklung*, Springer-Verlag, Berlin-Heidelberg 1984

Bundeszentrale für gesundheitliche Aufklärung BzgA, *Unsere Kinder. Eine Broschüre für Eltern mit Kindern von 2 bis 6 Jahren*, Köln 1993

Diekmeyer, Ulrich: *Das Elternbuch 1 / Unser Kind im 1. Lebensjahr.*
Das Elternbuch 2 / Unser Kind im 2. Lebensjahr.
Das Elternbuch 3 / Unser Kind im 3. Lebensjahr.
Das Elternbuch 4 / Unser Kind im 4. Lebensjahr.

Diekmeyer, Ulrich, *Mit Kindern leben.* rororo Verlag, Reinbeck 1995

Dornes, Martin, *Die frühe Kindheit. Entwicklungspsychologie der ersten Jahre*, Fischer TB-Verlag, Frankfurt 1997

Geo Wissen: *Kindheit und Jugend*, Gruner + Jahr, Hamburg 1993

Geo Wissen: *Sinne und Wahrnehmung*, Gruner + Jahr, Hamburg 1997
Grossmann, Klaus, *Entwicklung der Lernfähigkeit. Geist u. Psyche*, Kindler Verlag

Kampmann, Gudrun/Nieder, Angelika, *Das wichtige erste Jahr. Babys in ihrer körperlichen und geistigen Entwicklung fördern und unterstützen*, Südwest Verlag GmbH, München 1999

Kaplan, L.J., *Die zweite Geburt. Die ersten Lebensjahre des Kindes*, Piper-Verlag, München 1983

Kiphard, E.J., *Wie weit ist ein Kind entwickelt? Eine Anleitung zur Entwicklungsüberprüfung*, verlag modernes lernen, Dortmund 1980

Largo, H. Remo, *Babyjahre. Die frühkindliche Entwicklung aus biologischer Sicht. Das andere Erziehungsbuch*, Piper Verlag, München 1996

Leach, Penelope, *Die ersten Jahre deines Kindes*, Hallwag Verlag, Bern 1979

Montagu, Ashley, *Körperkontakt. Die Bedeutung der Haut für die Entwicklung des Menschen*, Klett-Cotta Verlag, Stuttgart 1995

Oerter, Rolf/Montada, Leo (Hrsg.), *Entwicklungspsychologie. Ein Lehrbuch*, 3. vollständig überarbeitete und erweiterte Auflage, Beltz Psychologie Verlags Union, Weinheim 1995

Piaget, Jean/Inhelder, Bärbel, *Die Psychologie des Kindes*, Fischer Verlag, Frankfurt 1977

Pickler, Emmi, *Lass mir Zeit. Die selbständige Bewegungsentwicklung des Kindes bis zum freien Gehen*, Pflaum Verlag, München 1988

Zimmer, Katharina, *Das wichtigste Jahr. Die seelische und körperliche Entwicklung im ersten Lebensjahr*, Kösel-Verlag, München 1987

Zimmer, Katharina, *Schritte ins Leben. Die seelische und körperliche Entwicklung von Kleinkindern*, Kösel-Verlag, München 1992

Zimmer, Renate, *Handbuch der Sinneswahrnehmung. Grundlagen einer ganzheitlichen Erziehung*, Verlag Herder, Freiburg i. Br. 1995

Zimmer, Renate, *Handbuch der Bewegungserziehung. Didaktisch-methodische Grundlagen und Ideen für die Praxis*, Verlag Herder, Freiburg i. Br. 1993

Zinke-Wolter, Petra, *Spüren – Bewegen – Lernen. Handbuch der mehrdimensionalen Förderung bei kindlichen Entwicklungsstörungen*, Borgmann publishing GmbH, Dortmund 1991

Bindung und Beziehung

Dornes, Martin, *Der kompetente Säugling. Die präverbale Entwicklung des Menschen*, Fischer TB-Verlag, Frankfurt 1993

Hofer/Klein-Allermann/Noack (Hrsg.), *Familienbeziehungen. Eltern und Kinder in der Entwicklung*, Hogrefe Verlag, Göttingen 1992

Klaus, Marshall H./Kennell, John H./Klaus, Phyllis H., *Der erste Bund fürs Leben. Die gelungene Eltern-Kind-Bindung und was Mütter und Väter dazu beitragen können*, Rowohlt Verlag, Reinbek 1997

Speichert, Horst/Schön, Bernhard, *Das rororo Elternlexikon. Mit Kindern leben*, Rowohlt Verlag, Reinbek 1988

Stern, Daniel, *Mutter und Kind. Die erste Beziehung*, Klett-Cotta Verlag, Stuttgart 1994

Zimmer, Katharina, *Warum Eltern und ihre Babys alles richtig machen*, Goldmann Verlag, München 1997

Spielpädagogik

Bundeszentrale für gesundheitliche Aufklärung BzgA: *Kinderspiele. Anregungen zur gesunden Entwicklung von Kleinkindern*, Köln 1995

Heimlich, Ulrich, *Einführung in die Spielpädagogik. Eine Orientierungshilfe für sozial-, schul- und heilpädagogische Arbeitsfelder*, Verlag Julius Klinkhardt, Bad Heilbrunn, 2. überarbeitete und erweiterte Auflage 2001

Renner, Michael, *Spieltheorie und Spielpraxis*, Lambertus Verlag, Freiburg 1995

spiel gut Arbeitsausschuss Kinderspiel und Spielzeug e.V. (Hrsg.), *Gutes Spielzeug von A-Z. Ratgeber für Kinderspiel und Spielzeug: Was? Wann? Wozu?*, Ulm 1992

Lieder, Spiel- und Bewegungsanregungen

Austermann, Marianne/Wohlleben, Gesa, *Zehn kleine Krabbelfinger. Spiel und Spaß mit unseren Kleinsten*, Kösel Verlag, München 1989

Austermann, Marianne/Wohlleben, Gesa, *Die pfiffige Murmelbahn. Fröhliche Spiele mit kleinen Kindern*, Kösel Verlag, München 1992

Bartl, Almuth und Manfred, *Kribbel-Krabbel-Kuschel-Spiele. Spiel und Spaß für kleine Mäuse*, Orell Füssli Verlag, Zürich und Wiesbaden 1989

Bezdek, Ursula, Monika und Petra, *Kinder in ihrem Element. Sinnliches Erleben von Feuer und Erde, Wasser und Luft*, Don Bosco Verlag, München 2000

Diem, Liselott, *Bewegungsspiele mit Kindern. Körperlich und seelisch intakt durch motorische Erfahrungen*, Rowohlt Verlag, Reinbek 1979 (rororo Sachbuch)

Friedl, Johanna, *Spielend die Sinne entdecken*, Ravensburger Buchverlag Otto Maier GmbH 2001

von Hoerner-Nitsch, Cornelia, *Das Schmuse Buch. Zärtliche Spiele für Babys, Kinder und Eltern*, Rowohlt Verlag, Reinbek 1989 (rororo Taschenbuch)

Jöcker, Detlev (Hrsg.), *Si-Sa-Singemaus. Ein Lieder-Bilder-Bastelbuch mit lustigen Spielen für die Kleinsten und Kindergartenkinder*, Menschenkinder Verlag, Münster, 3. Aufl. 1993

Jöcker, Detlev, *Ich bin der kleine Zappelmann. Neue Fingerspiellieder und Fingerspiele für die Kleinsten und Kindergartenkinder*, Menschenkinder Verlag, Münster, 9. Aufl. 2001

Jöcker, Detlev, *Das Krabbelmäuse Liederbuch. 100 quicklebendige Spiellieder*, Menschenkinder Verlag, Münster, 5. Aufl. 2001

Polinski, Liesel, *PEKiP Spiel und Bewegung mit Babys*, Rowohlt Verlag, Reinbek 2001 (rororo Sachbuch)

Polinski, Liesel, *Kleine Kinder entdecken die Welt. Was Eltern dazu beitragen können*, Rowohlt Verlag, Reinbek 1998 (rororo Mit Kindern leben)

Preuschoff, Gisela, *Von 0 bis 3. Alltag mit Kleinkindern*, Pahl-Rugenstein Verlag, Köln 1985

Pulkkinen, Anne, *Babys spielerisch fördern mit dem Prager-Eltern-Kind-Programm*, GU Ratgeber Kinder, Gräfe und Unzer Verlag GmbH, München 1999

Reuys, Eva/Viehoff, Hanne, *Kleine Kinder kreativ. Anregungen und Spiele für Familie, Krabbelgruppe, Kindergarten*, Don Bosco Verlag, München 1997

Thiel, Monika, *Babyspaß mit PEKiP - Spielen*, Ravensburger Ratgeber, Urania Verlag, Berlin 2002

Wilmes-Mielinghaus, Brigitte, *Schmuse- und Bewegungsspiele. Ganzheitliche Sinneserfahrung für die Kleinsten*, Verlag Herder, Freiburg 1996

SPATZ
Das Mit-Mach-Heft für Kinder und ihre Eltern
Jahresabonnement EUR 12,30 zzgl. Porto- u. Versandkosten EUR 5,00
Die Kinderzeitschrift SPATZ ist geeignet für Kinder von 4 bis 8 Jahren und erscheint monatlich bei der KlensVerlag GmbH
Kontakt: Abonnementverwaltung 0211/944 794 10

SPATZ Kalender
staunen, basteln, lesen
Spiralbindung, Format: 23,5 x 32 cm, erscheint jährlich im Herbst
EUR 12,60

Anmerkungen

[1] Nieder, Angelika/Tuschhoff, Angelika, 2001

[2] Nieder, Angelika/Tuschhoff, Angelika, 2001

[3] Deutsches Rotes Kreuz (Hrsg.), 1998

[4] Bundesarbeitsgemeinschaft Kath. Familienbildungsstätten, Abteilung der Katholischen Frauengemeinschaft Deutschland – kfd Bundesverband e.V., Prinz-Georg-Str. 44, 40477 Düsseldorf

[5] Schneider, Holle 1995

[6] Speichert, Horst/Schön, Bernhard 1988

[7] Stemme, Gisela/von Eickstedt, Doris 1998

[8] Stemme, Gisela/von Eickstedt, Doris 1998

[9] Watzlawick, Paul, *Menschliche Kommunikation.* Bern 1974

[10] Ainswort, Mary, in: Martin Dornes: *Der kompetente Säugling, Die präverbale Entwicklung des Menschen.* Frankfurt 1993

[11] Largo, H. Remo, 1996

[12] Bundeszentrale für gesundheitliche Aufklärung: Broschüre *Das Baby – Ein Leitfaden für Eltern.* Bonn 1993

[13] Oerter, R./Montada, L. 1995

[14] Largo, H. Remo 1996 (vergl. *Zur Geschichte des Spiels und der Spielpädagogik, Seite 32*)

[15] Largo, H. Remo 1996

[16] Oerter, R./Montada, L. 1995

[17] Heimlich, Ulrich 2001

[18] Diem, Lieselott 1979

[19] Ayres, A. Jean 1984

[20] Zimmer, Renate 1995

[21] Montagu, Ashley 1984

[22] Zimmer, Renate 1995

[23] Zimmer, Renate 1995

[24] Ayres, A. Jean 1984